LA VIDA DE
LAZARILLO DE TORMES

HISTORIA DE
LA VIDA DEL BUSCON

LA VIDA
DE
LAZARILLO
DE TORMES

ANONIMO

Club Internacional del Libro
Londres, 49
28028 MADRID

ISBN: 84-7461-696-4
Depósito Legal: B. 2275-1986
IBYNSA - 08018 Barcelona

INTRODUCCION

EL AUTOR

Se desconoce quien sea el autor de esta breve obra maestra de la picaresca literaria española. Fray José de Sigüenza, el gran prosista e historiador de la Orden Jerónima, precisamente en esta historia atribuye el *Lazarillo de Tormes* al jerónimo fray Juan de Ortega, siendo éste estudiante agudísimo y alegre en Salamanca: «Dicen que siendo estudiante en Salamanca, mancebo, como tenía un ingenio tan galán y fresco, hizo aquel librillo que anda por ahí, llamado *Lazarillo de Tormes*... El indicio de esto fue haberle hallado el borrador en la celda, de su propia mano escrito.» (El P. Juan de Ortega llegó a General de la Orden Jerónima, entre 1552 y 1555, y estuvo encargado de preparar en el Monasterio jerónimo de Yuste el aposento al que se iba a retirar, para prepararse a bien morir, el famoso emperador Carlos I de España.) La tesis del P. Juan de Ortega como autor de la novelita ha sido defendida modernamente por el gran hispanista francés Marcel Bataillon.

Años más tarde, el belga Valerio Andrés Taxandro, en su *Catalogus clarorum Hispaniae scriptorum... opera ac studio,* da como posible autor a don Diego Hurtado de Mendoza: «Diego Hurtado de Mendoza, persona noble y embajador del César (Carlos I de España y V de Alemania) cerca de los venecianos dicen que escribió un comentario sobre Aristóteles y la guerra de Túnez en la que él combatió... Compuso también poesías en romance y el libro de entretenimiento llamado *Lazarillo de Tormes*.» Sustentaron, después, esta opinión, entre otros, Andrés Scoto, Tamayo de Vargas y Nicolás Antonio. Pero resulta raro que no aludieran a esta obra, como de Hurtado de Mendoza, ni el editor de las *Poesías* de este autor, impresas en 1610, ni Baltasar de Zúñiga, quien en 1627 redactó la primera biografía de don Diego.

El muy erudito don José María Asensio, en su edición del *Cancionero* de Sebastián de Horozco —poeta toledano del siglo XVI— sostiene que éste pudiera ser el autor del *Lazarillo,* basándose en las semejanzas de algunos de sus episodios de esta novela con algunos otros narrados en aquél. A este sentir se suma don Julio Cejador, quien encuentra afinidades grandes entre el estilo descuidado y el espíritu satírico del *Lazarillo* y el espíritu y el estilo de Sebastián de Horozco. Y esta opinión no le parece desprovista de cierta razón a otro gran erudito: don Adolfo Bonilla San Martín.

Basándose en distintas razones —todas ellas sin fuerza decisiva—, el *Lazarillo* ha sido atribuido: a los hermanos Juan y Alfonso de Valdés, a Cristóbal de Villalón, a Lope de Rueda.

El hispanista francés Alfred Morel-Fatio declaró definitivamente *anónimo* al autor de esta maravillosa narración. Y esta opinión es seguida por todos los eruditos contemporáneos, españoles y extranjeros. Aun cuando todos siguen insistiendo en que hay no poco de autobiográfico en la obra.

LA OBRA

También se desconoce la fecha de la primera edición del *Lazarillo de Tormes.* Se cree (Brunet, en su *Manuel del Hispanisant,* 1862) en una impresión de Amberes en 1553. Pero nadie ha visto tal edición. No obstante, en la edición de Alcalá, de 1554, se declara: «nuevamente impresa, corregida y de nuevo añadida en esta segunda impresión». Si esta impresión apareció en febrero de 1554, y no parece ser reimpresión de la de Burgos —sostenida como primera, y cuya impresión no es fácil pudiera llegar a Alcalá en tiempo de menos de un mes, y aun con tiempo para imprimirse la alcalina—, ¿a qué primera alude?

Se tienen como primeras ediciones: Burgos, por Juan de Junta, 1554; Alcalá de Henares, por Salcedo, 26 de febrero de 1554; Amberes, por Martín Nuyts; Amberes, por Simón, 1555. (La de Amberes, 1554, si es reproducción, muy cuidada, de la de Burgos.)

Pero, ¿cuándo fue escrito el *Lazarillo*? En época de plena libertad de pensamiento: reinado de Carlos I; entre 1524 y 1553. No olvidemos que Lázaro escribe al término del relato de su *Vida*: «Esto fue el mesmo año que nuestro victorioso Emperador en esta insigne ciudad de Toledo entró, y tuvo en ella Cortes (la entrada fue el 27 de agosto de 1525), y se hicieron grandes regocijos y fiestas, como V. M. habrá oído. Pues en este tiempo estaba mi prosperidad y en la cumbre de toda buena fortuna.»

No se olvide tampoco, que en la edición de Amberes de 1555, ya traía añadida una *Segunda parte del Lazarillo de Tormes,* de autor también desconocido, y parte inmensamente inferior al modelo.

Nueva segunda parte: 1620, por H. Luna, posiblemente el llamado Juan de Luna, autor —1619— de unos *Diálogos familiares...*

En 1559 fue prohibido el *Lazarillo* por el inquisidor general Valdés; y Felipe II, para no impedir la lectura de libro tan popular, mandó al cosmógrafo Juan López de Velasco que lo enmendase. No obstante, siguió corriendo sin enmendar por el mundo civilizado, pues se multiplicaron las ediciones españolas y las extranjeras. En 1561 fue traducido al francés por Jean Sangrain; en 1579, al flamenco; en 1586, al inglés, por David Rowland; en 1617, al alemán, por Nicolás Ulenhart; en 1622, al italiano, por Barrezzo Barrezzi; al latín por Gaspar Ens...

Se han marcado como posibles antecedentes del *Lazarillo*: los *fabliaux* de Francia *Richeut* (1159) y *Le garçon et l'aveugle* (siglo XIII); el *Novellino,* de Masuccio Salernitano (1476); los *Carmina Burana,* las *Chansons satiriques et bachiques* (siglo XIII); el *Elogio de la locura,* de Erasmo... Aparte este último libro, resulta dificilísimo que el autor del *Lazarillo* conociera tales obras, de escasísima difusión.

Pero si queremos buscar antecedentes al *Lazarillo,* ¿para qué salirnos de España, donde los tuvo, y admirables, el anónimo autor? Pensemos en los dos Arciprestes: el de Hita y el de Talavera; y en los abundantes *Juegos de escarnio* y *Canciones de Mal Decir;* en las *Coplas del Provincial,* de *¡Ay, panadera!,* de *Mingo Revulgo;* en las *Danzas de la Muerte;* en la *Celestina...*

Según don Julio Cejador, uno de los más agudos y felices estudiosos del *Lazarillo*: «Sin nombre de autor y sin punta, al parecer, de intencionado propósito, ni menos de vanas pretensiones, salió a la estampa hacia los últimos años del reinado de Carlos V un librejo, tan corto en tomo, cuan largo en bienafortunado suceso. Corrió dentro y fuera de España con tan buena estrella y general aplauso, cual no se recordaba de otro alguno desde que se publicó la *Celestina* ni había alguno otro de sonarse hasta que *Guzmanillo* y *Don Quijote* vinieran al mundo. Como aquélla había sido la más famosa obra de ingenio en tiempos de los Reyes Católicos y habían de serlo estas dos en el de los Felipes, fuelo el *Lazarillo* en el del Emperador. Fue el libro de todos: de la gente letrada y de la gente lega, de eclesiásticos y seglares, del pueblo bajo y de las personas de cuenta. Aventureros y merchantes llevábanlo sin falta en la faltriquera, como en la mochila trajineros y soldados. Veíase en el tinelo de los pajes y criados no menos que en la recámara de los señores, en el estrado de las damas como en el bufete de los letrados. Los españoles solazábanse con su leyenda, hallando pintadas al vivo en el diminuto cuadro las costumbres, sobre todo, del pordiosero, del clérigo y del hidalgo, a que se reducían las maneras de vivienda en la España de aquellos tiempos; los extranjeros aprendían en él la lengua castellana, como en la más sencilla Cartilla de entonces y en el más entretenido Catón.»

El *Lazarillo,* prodigio de verdad y de amenidad —una *pintura realista* que no la mejoraron Zurbarán ni Velázquez—, marca, de manera originalísima, la iniciación de la famosísima novela picaresca española, única en el mundo. Su estilo es conciso y sobrio, nervioso y rápido; abundan en él las antítesis y frases cortadas. Morel-Fatio ve en él las influencias, con frecuencia irreverentes, de Luciano y Erasmo.

Para la presente edición hemos tenido en cuenta las de Burgos, Amberes y Alcalá.

FEDERICO CARLOS SAINZ DE ROBLES

PROLOGO

Yo por bien tengo que cosas tan señaladas, y por ventura nunca oídas ni vistas, vengan a noticia de muchos, y no se entierren en la sepultura del olvido; pues podría ser que alguno que las lea halle algo que le agrade, y a los que no ahondaren tanto los deleite; y a este propósito dice Plinio[1] que no hay libro, por malo que sea, que no tenga alguna cosa buena; mayormente que los gustos no son todos unos, más lo que uno no come, otro se pierde por ello. Y así vemos cosas tenidas en poco de algunos, que de otros no lo son. Y esto para que ninguna cosa se debería romper, ni echar a mal, si muy detestable no fuese, sino que a todos se comunicase, mayormente siendo sin perjuicio y pudiendo sacar della algún fruto; porque, si así no fuese, muy pocos escribirían para uno solo, pues no se hace sin trabajo, y quieren, ya que lo pasan, ser recompensados, no con dineros, mas con que vean y lean sus obras, y si hay de qué, se las alaben; y a este propósito dice Tulio:[2] «La honra cría las artes.»

¿Quién piensa que el soldado que es primero del escala, tiene más aborrecido el vivir? No por cierto; mas el deseo de alabanza le hace ponerse al peligro, y así en las artes y letras es lo mismo. Predica muy bien el presentado, y es hombre que desea mucho el provecho de las ánimas; mas pregunten a su merced si le pesa cuando le dicen: «¡Oh qué

1. En Epist. 5, Libro 3.
2. En Tusculanas I, 2.

maravillosamente lo ha hecho vuestra reverencia!» Justó muy ruinmente el señor don Fulano, y dio el sayete de armas[1] al truhán porque lo loaba de haber llevado muy buenas lanzas: ¿qué hiciera si fuera verdad?

Y todo va desta manera: que confesando yo no·ser más santo que mis vecinos, desta nonada, que en este grosero estilo escribo, no me pesará que hayan parte y se huelguen con ello todos los que en ella algún gusto hallaren, y vean que vive un hombre con tantas fortunas, peligros y adversidades.

Suplico a V. M. reciba el pobre servicio de mano de quien lo hiciera más rico si su poder y deseo se conformaran. Y pues V. M. escribe se le escriba y relate el caso muy por extenso, parescióme no tomalle por el medio, sino del principio, porque se tenga entera noticia de mi persona, y también porque consideran los que heredaron nobles estados cuán poco se les debe, pues fortuna fue con ellos parcial, y cuánto más hicieron los que, siéndoles contraria, con fuerza y maña remando salieron a buen puerto.

1. *Sayete de armas*. Jubón que se pone debajo de la armadura.

TRATADO PRIMERO

CUENTA LAZARO SU VIDA Y CUYO HIJO FUE

Pues sepa V. M. ante todas cosas que a mí llaman Lázaro de Tormes, hijo de Tomé González y de Antona Pérez, naturales de Tejares, aldea de Salamanca. Mi nascimiento fue dentro del río Tormes, por la cual causa tomé el sobrenombre, y fue desta manera. Mi padre, que Dios perdone, tenía cargo de proveer una molienda de una aceña que está ribera de aquel río, en la cual fue molinero más de quince años; y estando mi madre una noche en la aceña, preñada de mí, tomóle el parto y parióme allí; de manera que con verdad me puedo decir nacido en el río.

Pues siendo yo niño de ocho años, achacaron a mi padre ciertas sangrías mal hechas en los costales de los que allí a moler venían, por lo cual fue preso, y confesó, y no negó, y padesció persecución por justicia. Espero en Dios que está en la Gloria, pues el Evangelio los llama bienaventurados. En este tiempo se hizo cierta armada contra moros, entre los cuales fue mi padre, que a la sazón estaba desterrado por el desastre ya dicho, con cargo de acemilero de un caballero que allá fue; y con su señor, como leal criado, feneció su vida.

Mi viuda madre, como sin marido y sin abrigo se viese, determinó arrimarse a los buenos por ser uno dellos, y vínose a vivir a la ciudad, y alquiló una casilla, y metíase a guisar de comer a ciertos estudiantes, y lavaba la ropa a ciertos mozos de caballos del Comendador de la Magdalena; de manera que fue frecuentando las caballerizas. Ella y un hombre moreno, de aquellos que las bestias curaban, vinieron en conocimiento. Este algunas veces se venía a nuestra casa, y se iba a la mañana; otras veces de día llegaba a la puerta, en achaque de comprar huevos, y entrábase en casa. Yo, al principio de su entrada, pesábame con él y habíale miedo, viendo el color y mal gesto que tenía; mas de que vi que con su venida mejoraba el comer, fuile queriendo bien, porque siempre traía pan, pedazos de carne, y en el invierno leños, a que nos calentábamos.

De manera que continuando la posada y conversación, mi madre vino a darme un negrito muy bonito, el cual yo brincaba y ayudaba a callentar. Y acuérdome que estando el negro de mi padrastro trebejando[1] con el mozuelo, como el niño vía a mi madre y a mí blancos, y a él no, huía dél con miedo para mi madre, y señalando con el dedo decía: «¡Madre, coco!» Respondió él riendo: «¡Hideputa!»

Yo, aunque bien mochacho, noté aquella palabra de mi hermanico, y dije entre mí: «¡Cuántos debe de haber en el mundo que huyen de otros porque no se ven a sí mismos!»

Quiso nuestra fortuna que la conversación del Zaide, que así se llamaba, llegó a oídos del mayordomo, y hecha pesquisa, hallóse que la mitad por medio de la cebada que para las bestias le daban hurtaba; y salvados, leña, almohazas,[2] mandiles, y las mantas y sábanas de los caballos hacía perdidas; y cuando otra cosa no tenía, las bestias desherraba, y con todo esto acudía a mi madre para criar a mi hermanico. No nos maravillemos de un clérigo, ni de un fraile porque el uno hurta de los pobres, y el otro de casa para sus devotas y para ayuda de otro tanto, cuando a un pobre esclavo el amor le animaba a esto.

Y probósele cuanto digo y aun más, porque a mí, con amenazas, me preguntaban, y como niño respondía, y descubría cuanto sabía con miedo, hasta ciertas herraduras que por mandado de mi madre a un herrero vendí.

Al triste de mi padrastro azotaron y pringaron,[3] y a mi madre pusieron pena por justicia, sobre el acostumbrado

1. *Trebejando:* jugando.
2. *Almohaza:* cepillo de hierro para las caballerías.
3. *Azotaron y pringaron:* le untaron el cuerpo con aceite hirviendo.

centenario,[1] que en casa del sobredicho Comendador no entrase, ni al lastimado Zaide en la suya acogiese.

Por no echar la soga tras el caldero, la triste se esforzó y cumplió la sentencia; y por evitar peligro y quitarse de malas lenguas se fue a servir a los que al presente vivían en el mesón de la Solana; y allí, padesciendo mil importunidades, se acabó de criar mi hermanico hasta que supo andar, y a mí hasta ser buen mozuelo, que iba a los huéspedes por vino y candelas y por lo demás que me mandaban.

En este tiempo vino a posar al mesón un ciego, el cual, paresciéndole que yo sería para adestralle,[2] me pidió a mi madre, y ella me encomendó a él diciéndole cómo era hijo de buen hombre, el cual, por ensalzar la fe, había muerto en la de los Gelves,[3] y que ella confiaba en Dios no saldría peor hombre que mi padre, y que le rogaba me tratase bien y mirase por mí, pues era huérfano.

El respondió que así lo haría y que me recibía no por mozo, sino por hijo. Y así le comencé a servir y adestrar a mi nuevo y viejo amo.

Como estuvimos en Salamanca algunos días, paresciéndole a mi amo que no era la ganancia a su contento, determinó irse de allí, y cuando nos hubimos de partir yo fui a ver a mi madre, y ambos llorando, me dio su bendición y dijo:

—Hijo, ya sé que no te veré más; procura de ser bueno, y Dios te guíe; criado te he y con buen amo te he puesto, válete por ti.

Y así, me fui para mi amo, que esperándome estaba.

Salimos de Salamanca, y llegando a la puente, está a la entrada della un animal de piedra, que casi tiene forma de toro, y el ciego mandóme que llegase cerca del animal, y allí puesto, me dijo:

—Lázaro, llega el oído a este toro y oirás gran ruido dentro dél.

Yo simplemente llegué, creyendo ser así; y como sintió que tenía la cabeza par de la piedra, afirmó recio la mano

1. *Centenario:* cien azotes.
2. *Adestralle:* guiarle.
3. Batalla de los Gelves, 1510, día 26 de agosto.

y diome una gran calabazada en el diablo del toro, que más de tres días me turó[1] el dolor de la cornada, y díjome:

—Necio, aprende, que el mozo del ciego un punto ha de saber más que el diablo.

Y rió mucho la burla.

Parescióme que en aquel instante desperté de la simpleza en que como niño dormido estaba. Dije entre mí: «Verdad dice éste, que me cumple avivar el ojo y avisar,[2] pues solo soy, y pensar cómo me sepa valer.»

Comenzamos nuestro camino, y en muy pocos días me mostró jerigonza; y como me viese de buen ingenio, holgábase mucho y decía: «Yo oro ni plata no te lo puedo dar; mas avisos para vivir muchos te mostraré.» Y fue así, que, después de Dios, éste me dio la vida, y siendo ciego me alumbró y adestró[3] en la carrera de vivir.

Huelgo de contar a V. M. estas niñerías, para mostrar cuánta virtud sea saber los hombres subir siendo bajos, y dejarse bajar siendo altos cuánto vicio.

Pues, tornando al bueno de mi ciego y contando sus cosas, V. M. sepa que desde que Dios crió el mundo, ninguno formó más astuto ni sagaz. En su oficio era un águila; ciento y tantas oraciones sabía de coro; un tono bajo, reposado y muy sonable, que hacía resonar la iglesia donde rezaba; un rostro humilde y devoto, que con muy buen continente ponía cuando rezaba, sin hacer gestos ni visajes con boca ni ojos como otros suelen hacer. Allende desto, tenía otras mil formas y maneras para sacar el dinero. Decía saber oraciones para muchos y diversos efectos: para mujeres que no parían, para las que estaban de parto, para las que eran malcasadas que sus maridos las quisiesen bien. Echaba pronósticos a las preñadas: si traían hijo o hija. Pues en caso de medicina, decía Galeno no supo la mitad que él para muelas, desmayos, males de madre. Finalmente, nadie le decía padecer alguna pasión, que luego[4] no le decía: «Haced esto, haréis estotro, cosed[5] tal yerba, tomad tal raíz.»

1. *Turó:* duró.
2. *Avisar:* escarmentar.
3. *Adestró:* adiestró.
4. *Luego:* «al punto», «inmediatamente».
5. *Cosed:* coced.

Con esto andábase todo el mundo tras él, especialmente mujeres, que cuanto les decía, creían. Déstas sacaba él grandes provechos con las artes que digo, y ganaba más en un mes que cien ciegos en un año.

Mas también quiero que sepa V. M. que con todo lo que adquiría y tenía, jamás tan avariento ni mezquino hombre no vi, tanto que me mataba a mí de hambre, y así no me demediaba[1] de lo necesario. Digo verdad: si con mi sotileza y buenas mañas no me supiera remediar, muchas veces me finara de hambre; mas con todo su saber y aviso le contraminaba de tal suerte, que siempre, o las más veces, me cabía lo más y mejor. Para esto le hacía burlas endiabladas, de las cuales contaré algunas, aunque no todas a mi salvo.

El traía el pan y todas las otras cosas en un fardel de lienzo que por la boca se cerraba con una argolla de hierro y su candado y llave, y al meter de las cosas y sacarlas, eran con tanta vigilancia y tan por contadero, que no bastara todo el mundo hacerle menos[2] una migaja. Mas yo tomaba aquella lacería que él me daba, la cual en menos de dos bocados era despachada. Después que cerraba el candado y se descuidaba, pensando que yo estaba entendiendo en otras cosas, por un poco de costura, que muchas veces del un lado del fardel descosía y tornaba a coser, sangraba el avariento fardel, sacando no por tasa pan, mas buenos pedazos, torreznos y longaniza. Y así, buscaba conveniente tiempo para rehacer, no la chaza,[3] sino la endiablada falta que el mal ciego me faltaba.

Todo lo que podía sisar y hurtar traía en medias blancas; y cuando le mandaban rezar y le daban blancas, como él carecía de vista, no había el que se la daba amagado con ella, cuando yo la tenía lanzada en la boca y la media aparejada, que por presto que él echaba la mano, ya iba de mi cambio aniquilada en la mitad del justo precio. Quejábaseme el mal ciego, porque al tiento luego conocía y sentía que no era blanca entera, y decía:

1. No le daba la mitad de lo necesario.
2. *Hacerle menos:* quitarle.
3. *Chaza:* en el juego significa «tanto».

—¿Qué diablo es esto, que después que conmigo estás no me dan sino medias blancas, y de antes una blanca y un maravedí hartas veces me pagaban? En ti debe estar esta desdicha.

También él abreviaba el rezar y la mitad de la oración no acababa, porque me tenía mandado que, en yéndose el que la mandaba rezar, le tirase por cabo del capuz. Yo así lo hacía. Luego él tornaba a dar voces, diciendo: «¿Mandan rezar tal y tal oración?», como suelen decir.

Usaba poner cabe sí un jarrillo de vino cuando comíamos. Yo muy de presto le asía y daba un par de besos callados y tornábale a su lugar; mas turóme poco, que en los tragos conocía la falta, y por reservar su vino a salvo nunca después desamparaba el jarro, antes lo tenía por el asa asido. Mas no había piedra imán que así trajese a sí como yo con una paja larga de centeno, que para aquel menester tenía hecha, la cual metiéndola en la boca del jarro, chupando el vino lo dejaba a buenas noches. Mas como fuese el traidor tan astuto, pienso que me sintió; y dende en adelante mudó propósito, y asentaba su jarro entre las piernas, y atapábale con la mano, y así bebía seguro.

Yo como estaba hecho al vino, moría por él; y viendo que aquel remedio de la paja no me aprovechaba ni valía, acordé en el suelo del jarro hacerle una fuentecilla y agujero sotil, y delicadamente con una muy delgada tortilla de cera taparlo, y al tiempo de comer, fingiendo haber frío, entrábame entre las piernas del triste ciego a calentarme en la pobrecilla lumbre que teníamos, y al calor della luego derretida la cera, por ser muy poca, comenzaba la fuentecilla a destilarme en la boca, la cual yo de tal manera ponía que maldita la gota que se perdía. Cuando el pobreto iba a beber, no hallaba nada. Espantábase, maldecíase, daba al diablo el jarro y el vino, no sabiendo qué podía ser.

—No diréis, tío, que os lo bebo yo —decía—, pues no le quitáis de la mano.

Tantas vueltas y tientos dio al jarro, que halló la fuente, y cayó en la burla; mas así lo disimuló como si no lo hubiera sentido. Y luego otro día, teniendo yo rezumando mi jarro como solía, no pensando el daño que me estaba aparejando, ni que el mal ciego me sentía, sentéme como solía;

estando recibiendo aquellos dulces tragos, mi cara puesta hacia el cielo, un poco cerrados los ojos por mejor gustar el sabroso liquor, sintió el desesperado ciego que agora tenía tiempo de tomar de mí venganza, y con toda su fuerza, alzando con dos manos aquel dulce y amargo jarro, le dejó caer sobre mi boca, ayudándose, como digo, con todo su poder, de manera que el pobre Lázaro, que de nada desto se guardaba, antes, como otras veces, estaba descuidado y gozoso, verdaderamente me pareció que el cielo, con todo lo que en él hay, me había caído encima.

Fue tal el golpecillo, que me desatinó y sacó de sentido, y el jarrazo tan grande, que los pedazos dél se me metieron por la cara, rompiéndomela por muchas partes, y me quebró los dientes, sin los cuales hasta hoy día me quedé. Desde aquella hora quise mal al mal ciego; y aunque me quería y regalaba y me curaba, bien vi que se había holgado del cruel castigo. Lavóme con vino las roturas que con los pedazos del jarro me había hecho, y sonriéndose decía:

—¿Qué te parece, Lázaro? Lo que te enfermó te sana y da salud.

Y otros donaires, que a mi gusto no lo eran.

Ya que estuve medio bueno de mi negra trepa y cardenales, considerando que a pocos golpes tales el cruel ciego ahorraría de mí, quise yo ahorrar dél; mas no lo hice tan presto por hacello más a mi salvo y provecho. Aunque yo quisiera asentar mi corazón y perdonalle el jarrazo, no daba lugar el mal tratamiento que el mal ciego desde allí adelante me hacía, que sin causa ni razón me hería, dándome coscorrones y repelándome. Y si alguno le decía por qué me trataba tan mal, luego contaba el cuento del jarro, diciendo:

—¿Pensáis que este mi mozo es algún inocente? Pues oíd si el demonio ensayara otra tal hazaña.

Santiguándose los que le oían, decían:

—¡Mirá[1] quién pensara de un mochacho tan pequeño tal ruindad!

Y reían mucho el artificio, y decíanle:

—Castigaldo, castigaldo, que de Dios lo habréis.

1. *Mirá:* mirad.

Y él con aquello, nunca otra cosa hacía.

Y en esto yo siempre le llevaba por los peores caminos, y adrede, por le hacer mal y daño; si había piedras, por ellas; si lodo, por lo más alto, que aunque yo no iba por lo más enjuto, holgábame a mí de quebrar un ojo por quebrar dos al que ninguno tenía. Con esto siempre con el cabo alto del tiento me atentaba el colodrillo, el cual siempre traía lleno de tolodrones y pelado de sus manos; y aunque yo juraba no lo hacer con malicia, sino por no hallar mejor camino, no me aprovechaba, ni me creía más: tal era el sentido y el grandísimo entendimiento del traidor.

Y porque vea V. M. a cuánto se extendía el ingenio deste astuto ciego, contaré un caso de muchos que con él me acaecieron, en el cual me parece dio bien a entender su gran astucia. Cuando salimos de Salamanca, su motivo fue venir a tierra de Toledo, porque decía ser la gente más rica, aunque no muy limosnera; arrimábase a este refrán: «Más da el duro que el desnudo.» Y venimos[1] a este camino por los mejores lugares. Donde hallaba buena acogida y ganancia, deteníamos; donde no, a tercero día hacíamos San Juan.[2] Acaeció que, llegando a un lugar que llaman Almorox al tiempo que cogían las uvas, un vendimiador le dio un racimo dellas en limosna. Y como suelen ir los cestos maltratados, y también porque la uva en aquel tiempo está muy madura, desgranábasele el racimo en la mano; para echarlo en el fardel tornábase mosto y lo que a él se llegaba.[3] Acordó de hacer un banquete, así por no lo poder llevar como por contentarme, que aquel día me había dado mucho rodillazos y golpes. Sentámonos en un valladar, y dijo:

—Agora quiero yo usar contigo de una liberalidad, y es que ambos comamos este racimo de uvas, y que hayas dél tanta parte como yo; partillo hemos desta manera: tú picarás una vez, y yo otra; con tal que me prometas no tomar cada vez más de una uva. Yo haré lo mismo hasta que lo acabemos, y desta suerte no habrá engaño.

Hecho así el concierto, comenzamos; mas luego al se-

1. *Venimos:* vinimos.
2. *Hacer San Juan:* mudarse de sitio.
3. *Y lo que a él se llegaba* untarle también de mosto.

gundo lance, el traidor mudó propósito, y comenzó a tomar de dos en dos, considerando que yo debría hacer lo mismo. Como vi que él quebraba la postura, no me contenté ir a la par con él, mas aún pasaba adelante: dos a dos, y tres a tres, y como podía, las comía. Acabado el racimo, estuvo un poco con el escobajo en la mano, y meneando la cabeza, dijo:

—Lázaro, engañado me has; juraré yo a Dios que has tú comido las uvas tres a tres.

—No comí —dije yo—; mas ¿por qué sospecháis eso?

Respondió el sagacísimo viego:

—¿Sabes en qué veo que las comiste tres a tres? En que comía yo dos a dos y callabas.[1]

1. Pasaje que intercala en este punto la edición de Alcalá.

A lo cual yo no respondí. Yendo que íbamos ansí por debajo de unos soportales, en Escalona, adonde a la sazón estábamos en casa de un zapatero, había muchas sogas y otras cosas que de esparto se hacen, y parte dellas dieron a mi amo en la cabeza; el cual alzando la mano tocó en ellas, y viendo lo que era díjome:

—Anda presto, mochacho, salgamos d'entre tan mal manjar, que ahoga sin comerlo.

Yo que bien descuidado iba d'aquello, miré lo que era y como no vi sino sogas y cinchas, que no era cosa de comer, díjele:

—Tío, ¿por qué decís eso?

Respondióme:

—Calla, sobrino, según la mañas que llevas, lo sabrás y verás cómo digo verdad.

Y ansí pasamos adelante por el mismo portal, y llegamos a un mesón, a la puerta del cual había muchos cuernos en la pared, donde ataban los recueros sus bestias, y como iba tentando si era allí el mesón adonde él rezaba cada día por la mesonera la oración de la emparedada, asió de un cuerno, y con un gran sospiro, dijo:

—¡O mala cosa, peor que tienes la hechura! ¡De cuántos eres deseado poner tu nombre sobre cabeza ajena, y de cuán pocos tenerte, ni aun oír tu nombre por ninguna vía!

Como le oí lo que decía, dije:

—Tío, ¿qué es esto que decís?

—Calla, sobrino, que algún día te daré éste que en la mano tengo alguna mala comida y cena.

—No le comeré yo —dije—, y no me la dará.

—Yo te digo verdad, sino verlo has, si vives.

Y ansí pasamos adelante, hasta la puerta del mesón, adonde pluguiere a Dios nunca allá llegáramos, según lo que me suscedía en él.

Era todo lo más que rezaba por mesoneras, y por bodegoneras y turroneras y rameras, y ansí por semejantes mujercillas, que por hombre casi nunca le vi decir oración.

Reíme entre mí, y aunque mochacho, noté mucho la discreta consideración del ciego.

Mas por no ser prolijo, dejo de contar muchas cosas, así graciosas como de notar, que con este mi primer amo me acaecieron, y quiero decir el despidiente y con él acabar. Estábamos en Escalona, villa del duque della, en mesón, y diome un pedazo de longaniza que le asase. Ya que la longaniza había pringado y comídose las pringadas,[1] sacó un maravedí de la bolsa y mandó que fuese por él de vino a la taberna. Púsome el demonio el aparejo delante los ojos, el cual, como suelen decir, hace al ladrón, y fue que había cabe el fuego un nabo pequeño, larguillo y ruinoso, y tal que por no ser para la olla, debió ser echado allí.

Y como al presente nadie estuviese sino él y yo solos, como me vi con apetito goloso, habiéndome puesto dentro el sabroso olor de la longaniza, del cual solamente sabía que había de gozar, no mirando qué me podría suceder, pospuesto todo el temor por cumplir con el deseo, en tanto que el ciego sacaba de la bolsa el dinero, saqué la longaniza, y muy presto metí el sobredicho nabo en el asador, el cual mi amo, dándome el dinero para el vino, tomó y comenzó a dar vueltas al fuego, queriendo asar al que de ser cocido, por sus deméritos había escapado.

Yo fui por el vino, con el cual no tardé en despachar la longaniza, y cuando vine hallé al pecador del ciego que tenía entre dos rebanadas apretado el nabo, al cual aún no había conocido por no lo haber tentado con la mano. Como tomase las rebanadas y mordiese en ellas, pensando también llevar parte de la longaniza, hallóse en frío con el frío nabo; alteróse y dijo:

—¿Qué es esto, Lazarillo?

—¡Lacerado de mí! —dije yo—. ¿Si queréis a mí echar algo? ¿Yo no vengo de traer el vino? Alguno estaba ahí, y por burla haría esto.

—No, no —dijo él—, que yo no he dejado el asador de la mano; no es posible.

Yo torné a jurar y perjurar que estaba libre de aquel trueco y cambio, mas poco me aprovechó, pues a las astu-

1. *Pringadas:* rebanadas de pan.

cias del maldito ciego nada se le ascondía. Levantóse y asióme por la cabeza y llegóse a olerme. Y como debió sentir el huelgo, a uso de buen podenco, por mejor satisfacerse de la verdad, y con la gran agonía que llevaba, asiéndome con las manos, abrióme la boca más de su derecho y desatentadamente metía la nariz, la cual él tenía luenga y afilada, y aquella sazón,[1] con el enojo, se había aumentado un palmo, con el pico de la cual me llegó a la gulilla.[2]

Con esto, y con el gran miedo que tenía, y con la brevedad del tiempo, la negra longaniza aún no había hecho asiento en el estómago, y lo más principal, con el destiento de la cumplidísima nariz medio casi ahogándome, todas estas cosas se juntaron, y fueron causa que el hecho y golosina se manifestase y lo suyo fuese vuelto a su dueño; de manera que antes que el mal ciego sacase de mi boca su trompa, tal alteración sintió mi estómago, que le dio con el hurto en ella, de suerte que su nariz y la negra mal mascada longaniza a un tiempo salieron de mi boca.

¡O gran Dios, quién estuviera aquella hora sepultado, que muerto ya lo estaba! Fue tal el coraje del perverso ciego, que, si al ruido no acudieran, pienso no me dejara con la vida. Sacáronme dentre sus manos, dejándoselas llenas de aquellos pocos cabellos que tenía, arañada la cara y rascuñado el pescuezo y la garganta. Y esto bien lo merecía, pues por su maldad me venían tantas persecuciones.

Contaba el mal ciego a todos cuantos allí se allegaban mis desastres, y dábales cuenta una y otra vez, así de la del jarro como de la del racimo, y agora de lo presente. Era la risa de todos tan grande, que toda la gente que por la calle pasaba entraba a ver la fiesta; mas con tanta gracia y donaire contaba el ciego mis hazañas, que aunque yo estaba tan maltratado y llorando, me parecía que hacía sinjusticia en no se las reír.

Y cuando esto pasaba, a la memoria me vino una cobardía y flojedad que hice por que me maldecía, y fue no dejalle sin narices, pues tan buen tiempo tuve para ello que la mitad del camino estaba andado, que con sólo apretar

1. *Sazón:* ocasión.
2. *Gulilla:* «campanilla».

los dientes se me quedaran en casa, y con ser de aquel malvado, por ventura lo retuviera mejor mi estómago que retuvo la longaniza, y no pareciendo ellas pudiera negar la demanda. Pluguiera a Dios que lo hubiera hecho, que eso fuera así que así.

Hiciéronnos amigos la mesonera y los que allí estaban, y con el vino que para beber le había traído laváronme la cara y la garganta. Sobre lo cual discantaba[1] el mal ciego donaires, diciendo:

—Por verdad, más vino me gasta este mozo en lavatorios al cabo del año que yo bebo en dos. A lo menos, Lázaro, eres en más cargo al vino que a tu padre, porque él una vez te engendró, mas el vino mil te ha dado la vida.

Y luego contaba cuántas veces me había descalabrado y arpado la cara, y con vino luego sanaba.

—Yo te digo —dijo—, que si hombre en el mundo ha de ser bienaventurado con vino, que serás tú.

Y reían mucho los que me lavaban con esto, aunque yo renegaba. Mas el pronóstico del ciego no salió mentiroso, y después acá muchas veces me acuerdo de aquel hombre, que sin duda debía tener espíritu de profeta, y me pesa de los sinsabores que le hice, aunque bien se lo pagué, considerando lo que aquel día me dijo salirme tan verdadero como adelante V. M. oirá.

Visto esto y las malas burlas que el ciego burlaba de mí, determiné de todo en todo[2] dejalle, y como lo traía pensado y lo tenía en la voluntad, con este postrer juego que me hizo, afirmélo más. Y fue así, que luego otro día salimos por la villa a pedir limosna y había llovido mucho la noche antes; y porque el día también llovía, y andaba rezando debajo de unos portales que en aquel pueblo había, donde no nos mojamos;[3] mas como la noche se venía, y el llover no cesaba, díjome el ciego:

—Lázaro, esta agua es muy porfiada, y cuando la noche más cierra, más recia; acojámonos a la posada con tiempo.

Para ir allá, habíamos de pasar un arroyo que con la mucha agua iba grande.

1. *Discantaba:* decir cosas disonantes por inoportunas.
2. *De todo en todo:* radicalmente.
3. *Mojamos:* mojábamos.

Yo le dije:

—Tío, el arroyo va muy ancho; mas si queréis, yo veo por dónde travesemos más aína[1] sin nos mojar, porque se estrecha allí mucho, y saltando pasaremos a pie enjuto.

Parecióle buen consejo, y dijo:

—Discreto eres, por esto te quiero bien. Llévame a ese lugar donde el arroyo se ensangosta, que agora es invierno y sabe mal el agua, y más llevar los pies mojados.

Yo que vi el aparejo a mi deseo, saquéle de bajo los portales, y llevélo derecho de un pilar o poste de piedra que en la plaza estaba, sobre el cual y sobre otros cargaban saledizos de aquellas casas, y díjele:

—Tío, éste es el paso más angosto que en el arroyo hay.

Como llovía recio y el triste se mojaba, y con la priesa que llevábamos de salir del agua, que encima nos caía, y lo más principal, porque Dios le cegó aquella hora el entendimento (fue por darme dél venganza), creyóse de mí y dijo:

—Ponme bien derecho y salta tú el arroyo.

Yo le puse bien derecho enfrente del pilar, y doy un salto y póngome detrás del poste como quien espera tope de toro y díjele:

—¡Sus! Saltá[2] todo lo que podáis, porque deis deste cabo del agua.

Aun apenas lo había acabado de decir, cuando se abalanza el pobre ciego como cabrón, y de toda su fuerza arremete, tomando un paso atrás de la corrida para hacer mayor salto, y da con la cabeza en el poste, que sonó tan recio como si diera con una gran calabaza, y cayó luego para atrás, medio muerto y hendida la cabeza.

—¿Cómo, y olistes la longaniza y no el poste? ¡Olé![3] —le dije yo.

Y déjole en poder de mucha gente que lo había ido a socorrer, y tomo la puerta de la villa en los pies de un trote, y antes que la noche viniese di conmigo en Torrijos. No supe más lo que Dios dél hizo, ni curé de lo saber.

1. *Aína:* rápidamente.
2. *Saltá:* saltad.
3. *Olé:* oled.

TRATADO II

COMO LAZARO SE ASENTO CON UN CLERIGO Y DE LAS COSAS QUE CON EL PASO

Otro día, no paresciéndome estar allí seguro, fuime a un lugar que llaman Maqueda, adonde me toparon mis pecados con un clérigo, que llegando a pedir limosna, me preguntó si sabía ayudar a misa. Yo dije que sí, como era verdad, que aunque maltratado, mil cosas buenas me mostró el pecador del ciego, y una dellas fue ésta. Finalmente el clérigo me recibió por suyo.

Escapé del trueno y di en el relámpago, porque era el ciego para con éste un Alexandre Magno, con ser la misma avaricia, como he contado. No digo más sino que toda la laceria del mundo estaba encerrada en éste; no sé si de su cosecha era o lo había anexado con el hábito de clerecía.

El tenía un arcaz viejo y cerrado con su llave, la cual traía atada con una agujeta del paletoque, y en viniendo el bodigo de la iglesia, por su mano era luego allí lanzado, y tornaba a cerrar el arca; y en toda la casa no había ninguna cosa de comer, como suele estar en otras: algún tocino colgado al humero, algún queso puesto en alguna tabla o en el armario, algún canastillo con algunos pedazos de pan que de la mesa sobran, que me parece a mí que aunque dello no me aprovechara, con la vista dello me consolara.

Solamente había una horca de cebollas, y tras la llave, en una cámara en lo alto de la casa. Déstas tenía yo de ración una para cada cuatro días, y cuando le pedía la llave para ir por ella, si alguno estaba presente, echaba mano al falsopeto,[1] y con gran continencia la desataba y me la daba, diciendo:

—Toma, y vuélvela luego, y no hagáis sino golosinar.

Como si debajo della estuvieran todas las conservas de Valencia, con no haber en la dicha cámara, como dije, maldita la otra cosa que las cebollas colgadas de un clavo, las cuales él tenía tan bien por cuenta, que si por malos de mis pecados me desmandara a más de mi tasa, me costara caro. Finalmente, yo me finaba de hambre. Pues ya que conmigo tenía poca caridad, consigo usaba más. Cinco blancas de carne era su ordinario para comer y cenar; verdad es que partía conmigo del caldo. Que de la carne, ¡tan blanco el ojo!, sino un poco de pan, y ¡pluguiera a Dios que me demediara!

Los sábados cómense en esta tierra cabezas de carnero, y enviábame por una que costaba tres maravedís. Aquélla la cocía y comía los ojos, y la lengua, y el cogote y sesos, y la carne, que en las quijadas tenía, y dábame todos los huesos roídos, y dábamelos en el plato, diciendo:

—Toma, come, triunfa, que para ti es el mundo; mejor vida tienes que el Papa.

«¡Tal te la dé Dios!», decía yo paso entre mí.

A cabo de tres semanas que estuve con él, vine a tanta flaqueza que no me podía tener en las piernas de pura hambre. Vime claramente ir a la sepultura, si Dios y mi saber no me remediaran. Para usar de mis mañas no tenía aparejo, por no tener en qué dalle salto, y aunque algo hubiera, no pudiera cegalle, como hacía al que Dios perdone, si de aquella calabazada feneció, que todavía, aunque astuto, con faltalle aquel preciado sentido, no me sentía; mas estotro, ninguno hay que tan aguda vista tuviese como él tenía.

Cuando al ofertorio estábamos, ninguna blanca en la concha caía que no era dél registrada: el un ojo tenía en la gente y el otro en mis manos. Bailábanle los ojos en el casco como si fueran de azogue. Cuantas blancas ofrecían tenía por cuenta, y acabado el ofrecer, luego me quitaba la concheta y la ponía sobre el altar.

No era yo señor de asirle una blanca todo el tiempo que

1. *Falsopeto:* bolsa que se lleva junto al pecho.

con él viví, o por mejor decir morí. De la taberna nunca le traje una blanca de vino, mas aquel poco que de la ofrenda había metido en su arcaz, compasaba de tal forma que le duraba toda la semana.

Y por ocultar su gran mezquindad, decíame:

—Mira, mozo, los sacerdotes han de ser muy templados en su comer y beber, y por esto yo no me desmando como otros.

Mas el lacerado mentía falsamente, porque en cofradías y mortuorios que rezamos, a costa ajena comía como lobo, y bebía más que un saludador.

Y porque dije de mortuorios, Dios me perdone, que jamás fui enemigo de la naturaleza humana, sino entonces; y esto era porque comíamos bien y me hartaban. Deseaba y aún rogaba a Dios que cada día matase el suyo. Y cuando dábamos sacramento a los enfermos, especialmente la Extremaunción, como manda el clérigo rezar a los que están allí, yo cierto no era el postrero de la oración, y con todo mi corazón y buena voluntad rogaba al Señor, no que le echase a la parte que más servido fuese, como se suele decir, mas que le llevase deste mundo. Y cuando alguno déstos escapaba (Dios me lo perdone), que mil veces le daba al diablo, y el que se moría, otras tantas bendiciones llevaba de mí dichas. Porque en todo el tiempo que allí estuve, que serían casi seis meses, solas veinte personas fallecieron, y éstas bien creo que las maté yo, o por mejor decir, murieron a mi recuesta.[1] Porque viendo el Señor mi rabiosa y continua muerte, pienso que holgaba de matarlos por darme a mí vida. Mas de lo que al presente padecía remedio no hallaba; que si el día que enterrábamos yo vivía, los días que no había muerto, por quedar bien vezado de la hartura, tornando a mi cotidiana hambre, más lo sentía. De manera que en nada hallaba descanso, salvo en la muerte, que yo también para mí como para los otros, deseaba algunas veces; mas no la vía, aunque estaba siempre en mí.

Pensé muchas veces irme de aquel mezquino amo, mas por dos cosas lo dejaba: la primera, por no me atrever a mis piernas, por temer de la flaqueza, que de pura hambre

1. *Recuesta:* petición.

me venía; la otra, porque consideraba y decía: «Yo he tenido dos amos: el primero traíame muerto de hambre, y dejándole, topé con estotro, que me tiene ya con ella en la sepultura; pue si deste desisto y doy en otro más bajo, ¿qué será sino fenecer?»

Con esto no me osaba menear, porque tenía por fe que todos los grados había de hallar más ruines. Y a abajar otro punto, no sonara Lázaro[1] ni se oyera en el mundo.

Pues estando en tal aflicción, cual plega al Señor librar della a todo fiel cristiano, y sin saber darme consejo, viéndome ir de mal en peor, un día quel cuitado, ruin y lacerado de mi amo había ido fuera del lugar, llegóse acaso a mi puerta un calderero, el cual yo creo que fue ángel enviado a mí por la mano de Dios en aquel hábito. Preguntóme si tenía algo que adobar. «En mí teníades bien que hacer, y no haríades poco si me remediásedes» —dije de paso, que no me oyó.

Mas como no era tiempo de gastarlo en decir gracias, alumbrado por el Espíritu Santo, le dije:

—Tío, una llave deste arcaz he perdido, y temo mi señor me azote. Por vuestra vida veáis si en ésas que traéis hay alguna que le haga, que yo os lo pagaré.

Comenzó a probar el angélico calderero una y otra de un gran sartal que dellas traía, y yo a ayudalle con mis flacas oraciones. Cuando no me cato, veo en figura de panes, como dicen, la cara de Dios dentro del arcaz, y abierto, díjele:

—Yo no tengo dineros que os dar por la llave, mas tomad de ahí el pago.

El tomó un bodigo de aquéllos, el que mejor le pareció, y dándome mi llave, se fue muy contento, dejándome más a mí.

Mas no toqué en nada por el presente, porque no fuese la falta sentida, y aun porque me vi de tanto bien señor parecióme que la hambre no se me osaba llegar. Vino el mísero de mi amo, y quiso Dios no miró en la oblada, quel ángel había llevado.

1. *No sonara Lázaro:* juego de alusiones. Por una parte, el cuento de Lázaro de Tormes. Por otra, el son de las tablillas de San Lázaro, para pedir limosna para los Hospitales de San Lázaro.

Y otro día, en saliendo[1] de casa, abro mi paraíso panal, y tomo entre las manos y dientes un bodigo, y en dos credos le hice invisible, no se me olvidando el arca abierta, y comienzo a barrer la casa con mucha alegría, paresciéndome con aquel remedio remediar dende en adelante la triste vida. Y así estuve con ello aquel día y otro gozoso. Mas no estaba en mi dicha que me durase mucho aquel descanso, porque luego, al tercer día, me vino la terciana derecha.

Y fue que veo a deshora al que me mataba de hambre sobre nuestro arcaz, volviendo y revolviendo, contando y tornando a contar los panes. Yo disimulaba, y en mi secreta oración y devociones y plegarias, decía: «¡San Juan y ciégale!»

Después que estuvo un gran rato echando la cuenta, por días y dedos contando, dijo:

—Si no tuviera a tan buen recaudo esta arca, yo dijera que me habían tomado della panes; pero de hoy más, sólo por cerrar puerta a la sospecha, quiero tener buena cuenta con ello: nueve quedan y un pedazo.

«¡Nuevas malas te dé Dios!», dije yo entre mí.

Parecióme con lo que dijo pasarme el corazón con saeta de montero, y comenzóme el estómago a escarbar de hambre, viéndose puesto en la dieta pasada. Fue fuera de casa. Yo, por consolarme, abro el arca y, como vi el pan, comencélo de adorar, no osando recebillo. Contélos, si a dicha el lacerado se errara, y hallé su cuenta más verdadera que yo quisiera. Lo más que yo pude hacer fue dar en ellos mil besos, y lo más delicado que yo pude, del partido partí un poco al pelo que él estaba, y con aquél pasé aquel día, no tan alegre como el pasado.

Mas como la hambre creciese, mayormente que tenía el estómago hecho a más pan aquellos dos o tres días ya dichos, moría mala muerte; tanto, que otra cosa no hacía en viéndome solo sino abrir y cerrar el arca, y contemplar en aquella cara de Dios, que así dicen los niños. Mas el mismo Dios, que socorre a los afligidos, viéndome en tal estrecho, trujo a mi memoria un pequeño remedio: que, considerando entre mí, dije: «Este arquetón es viejo y grande

1. Se sobrentiende: saliendo el clérigo de casa.

y roto por algunas partes, aunque pequeños agujeros. Puédese pensar que ratones, entrando en él, hacen daño a este pan. Sacarlo entero no es cosa conveniente, porque verá la falta el que en tanta me hace vivir. Esto bien se sufre.»

Y comienzo a desmigajar el pan sobre unos no muy costosos manteles que allí estaban, y tomo uno y dejo otro, de manera que en cada cual de tres o cuatro desmigajé su poco. Después, como quien toma grajea, lo comí, y algo me consolé. Mas él, como viniese a comer y abriese el arca, vio el mal pesar, y sin duda creyó ser ratones los que el daño habían hecho, porque estaba muy al propio contrahecho de como ellos lo suelen hacer. Miró todo el arcaz de un cabo a otro y viole ciertos agujeros, por do sospechaba habían entrado. Llamóme diciendo:

—¡Lázaro! ¡Mira, mira qué persecución ha venido aquesta noche por nuestro pan!

Yo híceme muy maravillado, preguntándole qué sería.

—¡Qué ha de ser! —dijo él—. Ratones, que no dejan cosa a vida.

Pusímonos a comer, y quiso Dios que aun en esto me fue bien, que me cupo más pan que la laceria que me solía dar, porque rayó con un cuchillo todo lo que pensó ser ratonado, diciendo:

—Cómete eso, que el ratón cosa limpia es.

Y así, aquel día, añadiendo la ración del trabajo de mis manos, o de mis uñas por mejor decir, acabamos de comer, aunque yo nunca empezaba.

Y luego me vino otro sobresalto, que fue verle andar solícito quitando clavos de paredes y buscando tablillas, con las cuales clavó y cerró todos los agujeros de la vieja arca. «¡O Señor mío!», dije yo entonces. «¡A cuánta miseria y fortuna y desastres estamos puestos los nascidos y cuán poco turan[1] los placeres desta nuestra trabajosa vida! Heme aquí que pensaba con este pobre y triste remedio remediar y pasar mi laceria, y estaba ya cuanto[2] que alegre y de buena ventura. Mas no quiso mi desdicha, despertando a este lacerado de mi amo y poniéndole más diligencia de la que él de suyo

1. *Turan:* duran.
2. *Ya cuanto:* casi.

se tenía (pues los míseros por la mayor parte nunca de aquélla carecen), agora, cerrando los agujeros del arca, cerrase la puerta a mi consuelo y la abriese a mis trabajos.»

Así lamentaba yo, en tanto que mi solícito carpintero, con muchos clavos y tablillas, dio fin a sus obras, diciendo:

—Agora, donos[1] traidores ratones, conviéneos mudar propósito, que en esta casa mala medra tenéis.

De que salió de su casa, voy a ver la obra, y hallé que no dejó en la triste y vieja arca agujero ni aun por donde le pudiese entrar un mosquito. Abro con mi desaprovechada llave, sin esperanza de sacar provecho, y vi los dos o tres panes comenzados, los que mi amo creyó ser ratonados, y dellos todavía saqué alguna laceria, tocándolos muy ligeramente, a uso del esgremidor diestro. Como la necesidad sea tan gran maestra, viéndome con tanta siempre, noche y día estaba pensando la manera que ternía en sustentar el vivir. Y pienso, para hallar estos negros remedios, que me era luz la hambre, pues dicen que el ingenio con ella se avisa y al contrario con la hartura, y así era por cierto en mí.

Pues estando una noche desvelado en este pensamiento, pensando cómo me podría valer y aprovecharme del arcaz, sentí que mi amo dormía, porque lo mostraba con roncar y en unos resoplidos grandes que daba cuando estaba durmiendo. Levantéme muy quedito, y habiendo en el día pensado lo que había de hacer y dejado un cuchillo viejo que por allí andaba en parte do le hallase, voime al triste arcaz, y por do había mirado tener menos defensa le acometí con el cuchillo, que a manera de barreno dél usé. Y como la antiquísima arca, por ser de tantos años, la hallase sin fuerza y corazón, antes muy blanda y carcomida, luego se me rindió, y consintió en su costado, por mi remedio, un buen agujero. Esto hecho, abro muy paso la llagada arca y, al tiento, del pan que hallé partido, hice según deyuso está escripto. Y con aquello algún tanto consolado, tornando a cerrar, me volví a mis pajas, en las cuales reposé y dormí un poco.

Lo cual yo hacía mal y echábalo al no comer. Y así sería, porque cierto en aquel tiempo no me debían quitar el sueño los cuidados del rey de Francia.

1. *Donos:* plural de *don.*

Otro día fue por el señor mi amo visto el daño, así del pan como del agujero que yo había hecho, y comenzó a dar al diablo los ratones y decir:

—¿Qué diremos a esto? ¡Nunca haber sentido ratones en esta casa sino agora!

Y sin duda debía de decir verdad. Porque si casa había de haber en el reino justamente dellos previlegiada, aquélla, de razón, había de ser, porque no suelen morar donde no hay qué comer. Torna a buscar clavos por la casa y por las paredes, y tablillas a atapárselos.[1] Venida la noche y su reposo, luego yo era puesto en pie con mi aparejo, y cuanto él tapaba de día destapaba yo de noche.

En tal manera fue y tal priesa nos dimos, que sin duda por esto se debió decir: «Donde una puerta se cierra, otra se abre.» Finalmente, parecíamos tener a destajo la tela de Penélope, pues cuanto él tejía de día rompía yo de noche, y en pocos días y noches pusimos la pobre dispensa de tal forma, que quien quisiera propiamente della hablar, más corazas viejas de otro tiempo que no arcaz la llamara, según la clavazón y tachuelas sobre sí tenía.

De que vio no le aprovechar nada su remedio, dijo:

—Este arcaz está tan mal tratado, y es de madera tan vieja y flaca, que no habrá ratón a quien se defienda. Y va ya tal, que si andamos más con él nos dejará sin guarda. Y aun lo peor que, aunque hace poca, todavía hará falta faltando y me pondrá en costa de tres o cuatro reales. El mejor remedio que hallo, pues el de hasta aquí no aprovecha, armaré por dentro a estos ratones malditos.

Luego buscó prestada una ratonera, y con cortezas de queso que a los vecinos pedía, contino el gato estaba armado dentro del arca. Lo cual era para mí singular auxilio. Porque, puesto caso que yo no había menester muchas salsas para comer, todavía me holgaba con las cortezas del queso que de la ratonera sacaba, y sin esto no perdonaba el ratonar del bodigo.

Como hallase el pan ratonado y el queso comido y no cayese el ratón que lo comía, dábase al diablo, preguntaba a los vecinos qué podría ser comer el queso y sacarlo de la

1. *A atapárselos:* tapar los agujeros del arcón.

ratonera y no caer ni quedar dentro el ratón y hallar caída la trampilla del gato. Acordaron los vecinos no ser el ratón el que este daño hacía, porque no fuera menos de haber caído alguna vez. Díjole un vecino:

—En vuestra casa yo me acuerdo que solía andar una culebra, y ésta debe de ser sin duda. Y lleva razón, que como es larga, tiene lugar de tomar el cebo, y aunque la coja la trampilla encima, como no entre toda dentro, tórnase a salir.

Cuadró a todos lo que aquél dijo y alteró mucho a mi amo, y dende en adelante no dormía tan a sueño suelto, que cualquier gusano de la madera que de noche sonase pensaba ser la culebra que le roía el arca. Luego era puesto en pie, y con un garrote que a la cabecera, desde que aquello le dijeron, ponía, daba en la pecadora del arca grandes garrotazos, pensando espantar la culebra. A los vecinos despertaba con el estruendo que hacía y a mí no me dejaba dormir. Ibase a mis pajas y trastornábalas, y a mí con ellas, pensando que se iba para mí y se envolvía en mis pajas o en mi sayo, porque le decían que de noche acaescía a estos animales, buscando calor, irse a las cunas donde están criaturas y aun mordellas y hacerles peligrar.

Yo las más veces hacía del dormido, y en la mañana decíame él:

—¿Esta noche, mozo, no sentiste nada? Pues tras la culebra anduve, y aun pienso se ha de ir para ti a la cama, que son muy frías y buscan calor.

—Plega a Dios que no me muerda —decía yo—, que harto miedo le tengo.

Desta manera andaba tan elevado y levantado del sueño, que, mi fe, la culebra o el culebro, por mejor decir, no osaba roer de noche ni levantarse al arca; mas de día, mientras estaba en la iglesia o por el lugar, hacía mis saltos. Los cuales daños viendo él, y el poco remedio que les podía poner, andaba de noche, como digo, hecho trasgo.

Yo hube miedo que con aquellas diligencias no me topase con la llave, que debajo de las pajas tenía, y parecióme lo más seguro metella de noche en la boca. Porque ya, desde que viví con el ciego, la tenía tan hecha bolsa, que me acaesció tener en ella doce o quince maravedís, todo en medias blancas, sin que me estorbase el comer, porque de otra manera no era señor de una blanca, quel maldito ciego no cayese en ella, no dejando costura ni remiendo que no me buscaba muy a menudo.

Pues así como digo, metía cada noche la llave en la boca y dormía sin recelo que el brujo de mi amo cayese con ella; mas cuando la desdicha ha de venir, por demás es diligencia. Quisieron mis hados, o mejor decir, mis pecados, que una noche que estaba durmiendo, la llave se me puso en la boca, que abierta debía tener, de tal manera y postura quel aire y resoplo que yo durmiendo echaba salía por lo hueco de la llave, que de cañuto era, y silbaba, según mi desastre quiso, muy recio, de tal manera, que el sobresaltado de mi amo lo oyó, y creyó sin duda ser el silbo de la culebra, y cierto lo debía parecer.

Levantóse muy paso con su garrote en la mano, y al tiento y sonido de la culebra se llegó a mí con mucha quietud por no ser sentido de la culebra. Y como cerca se vio, pensó que allí, en las pajas do yo estaba echado, al calor mío se había venido. Levantando bien el palo, pensando tenerla debajo y darle tal garrotazo que la matase, con toda su fuerza me descarga en la cabeza tan gran golpe, que sin ningún sentido y muy mal descalabrado me dejó. Como sintió que me había dado, según yo debía hacer gran sentimiento con el fiero golpe, contaba él que se había llegado a mí y, dándome grandes voces llamándome, procuró recordarme[1]. Mas, como me tocase con las manos, tentó la mucha sangre que se me iba, y conoció el daño que me había hecho. Y con mucha priesa fue a buscar lumbre, y llegando con ella, hallóme quejando, todavía con mi llave en la boca, que nunca la desamparé, la mitad fuera, bien de aquella manera que debía estar al tiempo que silbaba con ella.

Espantado el matador de culebras qué podría ser aquella llave, miróla, sacándola del todo de la boca, y vio lo que era, porque en las guardas nada de la suya diferenciaba. Fue luego a proballa, y con ella probó el maleficio. Debió de decir el cruel cazador: «El ratón y culebra que me daban guerra y me comían mi hacienda he hallado.»

1. *Recordarme:* despertarme.

De lo que sucedió en aquellos tres días siguientes ninguna fe daré, porque los tuve en el vientre de la ballena; mas de cómo esto que he contado oí, después que en mí torné, decir a mi amo, el cual, a cuantos allí venían lo contaba por extenso.

A cabo de tres días yo torné en mi sentido, y vime echado en mis pajas, la cabeza toda emplastada y llena de aceites y ungüentos, y espantado dije:

—¿Qué es esto?

Respondióme el cruel sacerdote:

—A fe que los ratones y culebras que me destruían ya los he cazado.

Y miré por mí, y vime tan maltratado, que luego sospeché mi mal.

A esta hora entró una vieja que ensalmaba, y los vecinos. Y comiénzame a quitar trapos de la cabeza y curar el garrotazo. Y como me hallaron vuelto en mi sentido, holgáronse mucho, y dijeron:

—Pues ha tornado en su acuerdo, placerá a Dios no será nada.

Ahí tornaron de nuevo a contar mis cuitas y a reírlas, y yo pecador, a llorarlas. Con todo esto, diéronme de comer, que estaba transido de hambre, y apenas me pudieron demediar. Y así de poco en poco, a los quince días me levanté y estuve sin peligro, mas no sin hambre, y medio sano.

Luego otro día que fui levantado, el señor mi amo me tomó por la mano y sacóme la puerta afuera, y puesto en la calle, díjome:

—Lázaro, de hoy más eres tuyo y no mío. Busca amo y vete con Dios. Que yo no quiero en mi compañía tan diligente servidor. No es posible sino que hayas sido mozo de ciego.

Y santiguándose de mí, como si yo estuviera endemoniado, se torna a meter en casa y cierra su puerta.

TRATADO III

DE COMO LAZARO SE ASENTO CON UN ESCUDERO Y DE LO QUE LE ACAESCIO CON EL

Desta manera me fue forzado sacar fuerzas de flaqueza, y poco a poco, con ayuda de las buenas gentes, di conmigo en esta insigne ciudad de Toledo, adonde, con la merced de Dios, dende a quince días se me cerró la herida. Y mientras estaba malo siempre me daban alguna limosna; mas después que estuve sano, todos me decían:

—Tú, bellaco y gallofero[1] eres. Busca, busca un buen amo a quien sirvas.

—¿Y adónde se hallará ése —decía yo entre mí—, si Dios agora de nuevo, como crió el mundo, no le criase?

Andando así discurriendo de puerta en puerta, con harto poco remedio, porque ya la caridad se subió al cielo, topóme Dios con un escudero que iba por la calle, con razonable vestido, bien peinado, su paso y compás en orden. Miróme y yo a él, y díjome:

—Mochacho, ¿buscas amo?

Yo le dije:

—Sí, señor.

—Pues vente tras mí —me respondió—, que Dios te ha hecho merced en topar conmigo; alguna buena oración rezaste hoy.

Y seguíle, dando gracias a Dios por lo que le oí, y también que me parecía, según su hábito y continente, ser el que yo había menester.

1. *Gallofero:* holgazán, mendigo.

Era de mañana cuando este mi tercero amo topé; y llevóme tras sí gran parte de la ciudad. Pasamos por las plazas do se vendía pan y otras provisiones. Yo pensaba, y aun deseaba, que allí me quería cargar de lo que se vendía, porque ésta era propia hora, cuando se suele proveer de lo necesario; mas muy a tendido paso pasaba por estas cosas. «Por ventura no lo ve aquí a su contento, decía yo, y querrá que lo compremos en otro cabo.»

Desta manera anduvimos hasta que dio las once. Entonces se entró en la iglesia mayor, y yo tras él, y muy devotamente le vi oír misa y los otros oficios divinos, hasta que todo fue acabado y la gente ida. Entonces salimos de la iglesia, y a buen paso tendido comenzamos a ir por una calle abajo. Yo iba el más alegre del mundo en ver que no nos habíamos ocupado en buscar de comer. Bien consideré que debía ser hombre, mi nuevo amo, que se proveía en junto, y que ya la comida estaría a punto y tal como yo la deseaba y aun la había menester.

En este tiempo dio el reloj la una después de mediodía, y llegamos a una casa ante la cual mi amo se paró, y yo con él, y derribando el cabo de la capa sobre el lado izquierdo, sacó una llave de la manga, y abrió su puerta, y entramos en casa. La cual tenía la entrada oscura y lóbrega de tal manera, que parecía que ponía temor a los que en ella entraban, aunque dentro della estaba un patio pequeño y razonables cámaras.

Desque fuimos entrados, quita de sobre sí su capa, y preguntando si tenía las manos limpias, la sacudimos y doblamos, y muy limpiamente, soplando un poyo que allí estaba, la puso en él; y hecho esto, sentóse cabo della, preguntándome muy por extenso de dónde era, y cómo había venido a aquella ciudad.

Y yo le di más larga cuenta que quisiera, porque me parecía más conveniente hora de mandar poner la mesa y escudillar la olla, que de lo que me pedía. Con todo eso, yo le satisfice de mi persona lo mejor que mentir supe, diciendo mis bienes y callando lo demás, porque me parecía no ser para en cámara[1]. Esto hecho, estuvo así un poco, y yo luego

1. *No ser para en cámara:* no ser para dicho entre gentes respetables.

vi mala señal, por ser ya casi las dos y no le ver más aliento de comer que a un muerto. Después desto, consideraba aquel tener cerrada la puerta con llave, ni sentir arriba ni abajo pasos de viva persona por la casa; todo lo que había visto eran paredes, sin ver en ella silleta, ni tajo, ni banco, ni mesa, ni aun tal arcaz como el de marras. Finalmente, ella parescía casa encantada. Estando así, díjome:

—Tú, mozo, ¿has comido?

—No, señor —dije yo—, que aún no eran dadas las ocho cuando con V. M. encontré.

—Pues, aunque de mañana, yo había almorzado, y cuando así como algo, hágote saber que hasta la noche me estoy así. Por eso, pásate como pudieres, que después cenaremos.

V. M. crea, cuando esto le oí, que estuve en poco de caer de mi estado, no tanto de hambre como por conoscer de todo en todo la fortuna serme adversa. Allí se me representaron de nuevo mis fatigas, y torné a llorar mis trabajos; allí se me vino a la memoria la consideración que hacía cuando me pensaba ir del clérigo, diciendo que, aunque aquél era desventurado y mísero, por ventura toparía con otro peor; finalmente, allí lloré mi trabajosa vida pasada, y mi cercana muerte venidera. Y con todo, disimulando lo mejor que pude, le dije:

—Señor, mozo soy que no me fatigo mucho por comer, bendito Dios: deso me podré yo alabar entre todos mis iguales por de mejor garganta, y así fui yo loado della hasta hoy día de los amos que yo he tenido.

—Virtud es ésa —dijo él—, y por eso te querré yo más: porque el hartar es de los puercos, y el comer regladamente es de los hombres de bien.

«¡Bien te he entendido!», dije yo entre mí. «¡Maldita tanta medicina y bondad como aquestos mis amos que yo hallo hallan en la hambre!»

Púseme a un cabo del portal, y saqué unos pedazos de pan del seno, que me habían quedado de los de por Dios[1]. El, que vio esto, díjome:

—Ven acá, mozo. ¿Qué comes?

1. *Los de por Dios:* los pedazos de pan recogidos de limosna.

Yo lleguéme a él y mostréle el pan. Tomóme él un pedazo, de tres que eran el mejor y más grande, y díjome:

—Por mi vida que paresce éste buen pan.

—¡Y cómo agora —dije yo—, señor, es bueno!

—Sí, a fe —dijo él—. ¿Adónde lo hubiste? ¿Si es amasado de manos limpias?

—No sé yo eso —le dije—; mas a mí no me pone asco el sabor dello.

—Así plega a Dios —dijo el pobre de mi amo.

Y llevándolo a la boca, comenzó a dar en él tan fieros bocados como yo en lo otro.

—Sabrosísimo pan está —dijo—, por Dios.

Y como le sentí de qué pie coxqueaba, dime priesa, porque le vi en disposición, si acababa antes que yo, se comediría a ayudarme a lo que me quedase. Y con esto acabamos casi a una. Comenzó a sacudir con las manos unas pocas de migajas, y bien menudas, que en los pechos se le habían quedado. Y entró en una camareta que allí estaba, y sacó un jarro desbocado y no muy nuevo, y desque hubo bebido convidóme con él. Yo, por hacer del continente, dije:

—Señor, no bebo vino.

—Agua es —me respondió—; bien puedes beber.

Entonces tomé el jarro y bebí. No mucho, porque de sed no era mi congoja.

Así estuvimos hasta la noche, hablando en cosas que me preguntaba, a las cuales yo le respondí lo mejor que supe. En este tiempo metióme en la cámara donde estaba el jarro de que bebimos y díjome:

—Mozo, párate allí, y verás como hacemos esta cama, para que la sepas hacer de aquí adelante.

Púseme de un cabo y él del otro, y hecimos la negra cama, en la cual no había mucho que hacer, porque ella tenía sobre unos bancos un cañizo, sobre el cual estaba tendida la ropa, que por no estar muy continuada a lavarse, no parecía colchón, aunque servía dél, con harta menos lana que era menester. Aquél tendimos, haciendo cuenta de ablandalle; lo cual era imposible, porque de lo duro mal se puede hacer blando. El diablo del enjalma[1] maldita la cosa tenía dentro

1. *Enjalma:* albardilla ligera.

de sí, que puesto sobre el cañizo, todas las cañas se señalaban, y parecían a lo propio entrecuesto de flaquísimo puerco. Y sobre aquel hambriento colchón, un alfamar[1] del mismo jaez, del cual el color yo no pude alcanzar.

Hecha la cama y la noche venida, díjome:

—Lázaro, ya es tarde, y de aquí a la plaza hay gran trecho; también en esta ciudad andan muchos ladrones, que siendo de noche, capean; pasemos como podamos y mañana, venido el día, Dios hará merced; porque yo por estar solo no estoy proveído; antes he comido estos días por allá fuera, mas agora hacerlo hemos de otra manera.

—Señor, de mí —dije yo— ninguna pena tenga V. M., que bien sé pasar una noche y aun más, si es menester, sin comer.

—Vivirás más y más sano —me respondió—, porque, como decíamos hoy, no hay tal cosa en el mundo para vivir mucho, que comer poco.

«Si por esa vía es», dije entre mí, «nunca yo moriré, que siempre he guardado esa regla por fuerza, y aun espero, en mi desdicha, a tenella toda mi vida».

Y acostóse en la cama, poniendo por cabecera las calzas y el jubón. Y mandóme echar a sus pies, lo cual yo hice. Mas maldito el sueño que yo dormí, porque las cañas y mis salidos huesos en toda la noche dejaron de rifar y encenderse, que con mis trabajos, males y hambre pienso que en mi cuerpo no había libra de carne, y también, como aquel día no había comido casi nada, rabiaba de hambre, la cual con el sueño no tenía amistad. Maldíjeme mil veces (Dios me lo perdone), y a mi ruin fortuna, allí lo más de la noche, y lo peor, no osándome revolver por no despertalle, pedí a Dios muchas veces la muerte.

La mañana venida levantámonos, y comienza a limpiar y sacudir sus calzas, y jubón, sayo y capa. Y yo que le servía de pelillo.[2] Y vísteseme muy a su placer, de espacio. Echéle aguamanos, peinóse, y puso su espada en el talabarte, y al tiempo que la ponía díjome:

—¡Oh, si supieses, mozo, qué pieza es ésta! No hay mar-

1. *Alfamar:* cobertor.
2. *Y yo que le servía de pelillo:* de criado de respeto.

co de oro en el mundo por que yo la diese, mas así, ninguna de cuantas Antonio[1] hizo, no acertó a ponelle los aceros tan prestos como ésta los tiene.

Y sacóla de la vaina y tentóla con los dedos, diciendo:

—¿Vesla aquí? Yo me obligo con ella a cercenar un copo de lana.

Y yo dije entre mí: «Y yo con mis dientes, aunque no son de acero, un pan de cuatro libras.»

Tornóla a meter y ciñósela, y un sartal de cuentas gruesas del talabarte. Y con un paso sosegado y el cuerpo derecho, haciendo con él y con la cabeza muy gentiles meneos, echando el cabo de la capa sobre el hombro y a veces so el brazo, y poniendo la mano derecha en el costado, salió por la puerta, diciendo:

—Lázaro, mira por la casa en tanto que voy a oír misa, y haz la cama, y ve por la vasija de agua al río, que aquí bajo está, y cierra la puerta con llave, no nos hurten algo, y ponla aquí al quicio, porque si yo viniere en tanto pueda entrar.

Y súbese por la calle arriba con tan gentil semblante y continente, que quien no le conociera pensara ser muy cercano pariente al conde de Arcos, o a lo menos camarero que le daba de vestir.

«¡Bendito seáis vos, Señor», quedé yo diciendo, «que dais la enfermedad, y ponéis el remedio. ¿Quién encontrará a aquel mi señor que no piense, según el contento de sí lleva, haber anoche bien cenado, y dormido en buena cama, y aunque agora es de mañana, no le cuenten por muy bien almorzado? ¡Grandes secretos son, Señor, los que Vos hacéis y las gentes ignoran! ¿A quién no engañará aquella buena disposición y razonable capa y sayo? ¿Y quién pensara que aquel gentil hombre se pasó ayer todo el día con aquel mendrugo de pan, que su criado Lázaro trujo un día y noche en el arca de su seno, do no se le podía pegar mucha limpieza, y hoy lavándose las manos y cara, a falta de paño de manos se hacía servir de la halda del sayo? Nadie por cierto lo sospechara. ¡Oh, Señor, y cuántos de aquéstos debéis Vos tener por el mundo derramados, que padecen por la negra que llaman honra, lo que por Vos no sufrirían!»

1. *Antonio,* armero de Isabel I.

Así estaba yo a la puerta, mirando y considerando estas cosas, hasta que el señor mi amo traspuso la larga y angosta calle. Tornéme a entrar en casa, y en un credo la anduve toda, alto y bajo, sin hacer represa, ni hallar en qué. Hago la negra dura cama, y tomo el jarro, y doy conmigo en el río, donde en una huerta vi a mi amo en gran recuesta[1] con dos rebozadas mujeres, al parecer de las que en aquel lugar no hacen falta. Antes muchas tienen por estilo de irse a las mañanicas del verano a refrescar y almorzar, sin llevar qué, por aquellas frescas riberas, con confianza que no ha de faltar quién se lo dé, según las tienen puestas en esta costumbre aquellos hidalgos del lugar.

Y como digo, él estaba entre ellas hecho un Macías[2], diciéndoles más dulzuras que Ovidio escribió. Pero como sintieron dél que estaba bien enternecido, no se les hizo de vergüenza pedirle de almorzar con el acostumbrado pago.

El, sintiéndose tan frío de bolsa cuanto caliente del estómago, tomóle tal calofrío, que le robó la color del gesto, y comenzó a turbarse en la plática, y a poner excusas no válidas. Ellas, que debían ser bien instituidas,[3] como le sintieron la enfermedad, dejáronle para el que era.[4]

Yo, que estaba comiendo tronchos de berzas, con los cuales me desayuné, con mucha diligencia, como mozo nuevo, sin ser visto de mi amo, torné a casa, de la cual pensé barrer alguna parte, que bien era menester; mas no hallé con qué. Púseme a pensar qué haría, y parescióme esperar a mi amo hasta que el día demediase, y si viniese y por ventura trajese algo que comiésemos; mas en vano fue mi experiencia.

Desque vi ser las dos y no venía y la hambre me aquejaba, cierro mi puerta y pongo la llave do mandó y tornóme a mi menester.[5] Con baja y enferma voz y inclinadas mis manos en los senos, puesto Dios ante mis ojos y la lengua en su nombre, comienzo a pedir pan por las puertas y casas más grandes que me parecía. Mas como yo este oficio le hubiese

1. *Recuesta:* galantería.
2. *Macías:* trovador del siglo XIV, famoso por sus amores.
3. *Instituidas:* instruidas.
4. *Dejáronle para el que era:* conocerle.
5. *Menester:* oficio.

mamado en la leche, quiero decir que con el gran maestro el ciego lo aprendí, tan suficiente discípulo salí, que aunque en este pueblo no había caridad ni el año fuese muy abundante, tan buena maña me di, que antes que el reloj diese las cuatro ya yo tenía otras tantas libras de pan ensiladas en el cuerpo, y más de otras dos en las mangas y senos. Volvíme a la posada, y al pasar por la tripería pedí a una de aquellas mujeres, y diome un pedazo de uña de vaca con otras pocas de tripas cocidas.

Cuando llegué a casa, ya el bueno de mi amo estaba en ella, doblada su capa y puesta en el poyo, y él paseándose por el patio. Como entré, vínose para mí. Pensé que me quería reñir la tardanza, mas mejor lo hizo Dios. Preguntóme dó venía. Yo le dije:

—Señor, hasta que dio las dos estuve aquí, y de que vi que V. M. no venía, fuime por esa ciudad a encomendarme a las buenas gentes, y hanme dado esto que veis.

Mostréle el pan y las tripas, que en un cabo de la halda traía, a lo cual él mostró buen semblante, y dijo:

—Pues esperado te he a comer, y de que vi que no veniste, comí. Mas tú haces como hombre de bien en eso, que más vale pedillo por Dios que no hurtallo. Y así El me ayude como ello me parece bien, y solamente te encomiendo no sepan que vives conmigo, por lo que toca a mi honra; aunque bien creo que será secreto, según lo poco que en este pueblo soy conoscido. ¡Nunca a él yo hubiera de venir!

—De eso pierda, señor, cuidado —le dije yo—, que maldito aquel que ninguno tiene de pedirme esa cuenta, ni yo de dalla.

—Agora, pues, come, pecador, que si a Dios place, presto nos veremos sin necesidad. Aunque te digo que después que en esta casa entré, nunca bien me ha ido; debe ser de mal suelo, que hay casas desdichadas y de mal pie, que a los que viven en ellas pegan la desdicha. Esta debe ser, sin duda, dellas; mas yo te prometo, acabado el mes no quede en ella, aunque me la den por mía.

Sentéme al cabo del poyo, y porque no me tuviese por glotón, callé la merienda, y comienzo a cenar y morder en mis tripas y pan, y disimuladamente miraba al desventurado señor mío, que no partía sus ojos de mis faldas, que aquella sazón servían de plato. Tanta lástima haya Dios de mí como yo había dél, porque sentí lo que sentía, y muchas veces había por ello pasado, y pasaba cada día. Pensaba si sería bien comedirme a convidalle; mas, por me haber dicho que había comido, temíame no aceptaría el convite. Finalmente, yo deseaba que el pecador ayudase a su trabajo del mío, y se desayunase como el día antes hizo, pues había mejor aparejo, por ser mejor la vianda y menos mi hambre.

Quiso Dios cumplir mi deseo, y aun pienso que el suyo, porque como comencé a comer él se andaba paseando, llegóse a mí y díjome:

—Dígote, Lázaro, que tienes en comer la mejor gracia que en mi vida vi a hombre, y que nadie te lo ve hacer que no le pongas gana aunque no la tenga.

«La muy buena que tú tienes», dije yo entre mí, «te hace parecer la mía hermosa».

Con todo, parescióme ayudarle pues se ayudaba y me abría camino para ello, y díjele:

—Señor, el buen aparejo hace buen artífice; este pan está sabrosísimo, y esta uña de vaca tan bien cocida y sazonada, que no habrá a quién no convide con su sabor.

—¿Uña de vaca es?

—Sí, señor.

—Dígote que es el mejor bocado del mundo, y que no hay faisán que así me sepa.

—Pues pruebe, señor, y verá qué tal está.

Póngole en las uñas la otra y tres o cuatro raciones de pan de lo más blanco. Asentóseme al lado y comienza a comer como aquel que lo había gana, royendo cada huesecillo de aquéllos mejor que un galgo suyo lo hiciera.

—Con almodrote[1] —decía— es este singular manjar.

«Con mejor salsa lo comes tú», respondí yo paso.

—Por Dios, que me ha sabido como si no hubiera hoy comido bocado.

«¡Así me vengan los buenos años como es ello!», dije yo entre mí.

Pidióme el jarro del agua y díselo como lo había traído. Es señal, que pues no le faltaba el agua, que no le había a mi

1. *Almodrote:* salsa con aceite, ajo, yerbas y queso.

amo sobrado la comida. Bebimos, y muy contentos nos fuimos a dormir, como la noche pasada.

Y por evitar prolijidad, desta manera estuvimos ocho o diez días, yéndose el pecador en la mañana con aquel contento y paso contado a papar aire por las calles, teniendo en el pobre Lázaro una cabeza de lobo.

Contemplaba yo muchas veces mi desastre, que escapando de los amos ruines que había tenido, y buscando mejoría, viniese a topar con quien no sólo no me mantuviese, mas a quien yo había de mantener. Con todo, le quería bien, con ver que no tenía ni podía más. Y antes le había lástima que enemistad. Y muchas veces, por llevar a la posada con que él lo pasase, yo lo pasaba mal.

Porque una mañana, levantándose el triste en camisa, subió a lo alto de la casa a hacer sus menesteres, y en tanto yo, por salir de sospecha, desenvolvíle el jubón y las calzas, que a la cabecera dejó, y hallé una bolsilla de terciopelo raso, hecha cien dobleces y sin maldita la blanca ni señal que la hubiese tenido desde hacía mucho tiempo. «Este, decía yo, es pobre, y nadie da lo que no tiene; mas el avariento ciego y el malaventurado mezquino clérigo, que, con dárselo Dios a ambos, al uno de mano besada y al otro de lengua suelta, me mataban de hambre, aquéllos es justo desarmar, y aquéste es de haber mancilla»[1].

Dios me es testigo que hoy día, cuando topo con alguno de su hábito con aquel paso y pompa, le he lástima con pensar si padece lo que aquél le vi sufrir. Al cual, con toda su pobreza, holgaría de servir más que a los otros por lo que he dicho. Sólo tenía dél un poco de descontento: que quisiera yo que no tuviera tanta presunción, mas que abajara un poco su fantasía con lo mucho que subía su necesidad. Mas, según me parece, es regla ya entre ellos usada y guardada; aunque no haya cornado de trueco[2], ha de andar el birrete en su lugar. El Señor lo remedie, que ya con este mal han de morir.

Pues, estando yo en tal estado, pasando la vida que digo, quiso mi mala fortuna, que de perseguirme no era satisfe-

1. *Haber mancilla:* compadecer.
2. *Cornado de trueco:* moneda pequeña que sirve para el cambio.

cha, que en aquella trabajada y vergonzosa vivienda no durase. Y fue, como el año en esta tierra fuese estéril de pan, acordaron el Ayuntamiento que todos los pobres extranjeros se fuesen de la ciudad, con pregón que el que de allí adelante topasen fuese punido con azotes. Y así ejecutando la ley, desde a cuatro días que el pregón se dio, vi llevar una procesión de pobres azotando por las cuatro calles. Lo cual me puso tan gran espanto, que nunca osé desmandarme a demandar.

Aquí viera, quien vello pudiera, la abstinencia de mi casa y la tristeza y silencio de los moradores della, tanto, que nos acaeció estar dos o tres días sin comer bocado ni hablar palabra. A mí diéronme la vida unas mujercillas hilanderas de algodón, que hacían bonetes, y vivían par de nosotros, con las cuales yo tuve vecindad y conocimiento. Que de la laceria que les traían me daban alguna cosilla, con la cual muy pasado me pasaba.

Y no tenía tanta lástima de mí como del lastimado de mi amo, que en ocho días maldito el bocado que comió. A lo menos en casa bien los estuvimos sin comer. No sé yo cómo o dónde andaba y qué comía. ¡Y velle venir a mediodía la calle abajo, con estirado cuerpo, más largo que galgo de buena casta! Y por lo que toca a su negra, que dicen, honra, tomaba una paja, de las que aun asaz no había en casa, y salía a la puerta escarbando los que nada entre sí tenían, quejándose todavía de aquel mal solar, diciendo:

—Malo está de ver, que la desdicha desta vivienda lo hace. Como ves, es lóbrega, triste, oscura. Mientras que aquí estuviéremos hemos de padecer; ya deseo que se acabe este mes por salir della.

Pues, estando en esta afligida y hambrienta persecución, un día, no sé por cuál dicha o ventura, en el pobre poder de mi amo entró un real, con el cual vino a casa tan ufano como si tuviera el tesoro de Venecia, y con gesto muy alegre y risueño me lo dio, diciendo:

—Toma, Lázaro, que Dios ya va abriendo su mano. Ve a la plaza y merca pan y vino y carne: ¡quebremos el ojo al diablo! Y más te hago saber, porque te huelgues: que he alquilado otra casa, y en ésta desastrada no hemos de estar más de en cumpliendo el mes. ¡Maldita sea ella y el que en ella puso la primera teja, que con mal en ella entré! Por Nuestro Señor, cuanto ha que en ella vivo, gota de vino ni bocado de carne no he comido, ni he habido descanso ninguno; mas, tal vista tiene y tal oscuridad y tristeza. Ve y ven presto, y comamos hoy como condes.

Tomo mi real y jarro, y a los pies dándole priesa, comienzo a subir mi calle, encaminando mis pasos para la plaza, muy contento y alegre. Mas ¿qué me aprovecha si está constituido en mi triste fortuna que ningún gozo me venga sin zozobra? Y así fue éste. Porque yendo la calle arriba, echando mi cuenta en lo que le emplearía que fuese mejor y más provechosamente gastado, dando infinitas gracias a Dios que a mi amo había hecho con dinero, a deshora me vino al encuentro un muerto, que por la calle abajo muchos clérigos y gente en unas andas traían.

Arriméme a la pared por darles lugar, y desque el cuerpo pasó, venía luego par del lecho una que debía ser su mujer del defunto, cargada de luto, y con ella otras muchas mujeres, la cual iba llorando a grandes voces y diciendo:

—Marido y señor mío: ¿adónde os me llevan? ¡A la casa triste y desdichada, a la casa lóbrega y oscura, a la casa donde nunca comen ni beben!

Yo, que aquello oí, juntóseme el cielo con la tierra y dije: «¡Oh, desdichado de mí! ¡Para mi casa llevan este muerto!»

Dejo el camino que llevaba y hendí por medio de la gente, y vuelvo por la calle abajo, a todo el más correr que pude, para mi casa; y entrando en ella, cierro a grande priesa, invocando el auxilio y favor de mi amo, abrazándome dél, que me venga ayudar y a defender la entrada. El cual, algo alterado, pensando que fuese otra cosa, me dijo:

—¿Qué es eso, mozo? ¿Qué voces das? ¿Qué has? ¿Por qué cierras la puerta con tal furia?

—¡Oh, señor —dije yo—, acuda aquí, que nos traen acá un muerto!

—¿Cómo así? —respondió él.

—Aquí arriba lo encontré, y venía diciendo su mujer: «¡Marido y señor mío! ¿Adónde os llevan? ¡A la casa lóbrega y oscura, a la casa triste y desdichada, a la casa donde nunca comen ni beben!» Acá, señor, nos le traen.

Y ciertamente, cuando mi amo esto oyó, aunque no tenía

por qué estar muy risueño, rió tanto, que muy gran rato estuvo sin poder hablar. En este tiempo tenía ya yo echada el aldaba a la puerta y puesto el hombro en ella por más defensa. Pasó la gente con su muerto, y yo todavía me recelaba que nos le habían de meter en casa. Y desque fue ya más harto de reír que de comer el bueno de mi amo, díjome:

—Verdad es, Lázaro; según la viuda lo va diciendo, tú tuviste razón de pensar lo que pensaste; mas, pues Dios lo ha hecho mejor y pasan adelante, abre, abre y ve por de comer.

—Déjelos, señor, acaben de pasar la calle —dije yo.

Al fin vino mi amo a la puerta de la calle y ábrela esforzándome, que bien era menester, según el miedo y alteración, y me torno a encaminar. Mas aunque comimos bien aquel día, maldito el gusto yo tomaba en ello, ni en aquellos tres días torné en mi color; y mi amo muy risueño todas las veces que se le acordaba aquella mi consideración.

Desta manera estuve con mi tercero y pobre amo, que fue este escudero, algunos días, y en todos deseando saber la intención de su venida y estada en esta tierra. Porque desde el primer día que con él asenté le conocí ser extranjero, por el poco conocimiento y trato que con los naturales della tenía. Al fin se cumplió mi deseo, y supe lo que deseaba. Porque un día que habíamos comido razonablemente y estaba algo contento, contóme su hacienda, y díjome ser de Castilla la Vieja y que había dejado su tierra no más de por no quitar el bonete a un caballero su vecino.

—Señor —dije yo—, si él era lo que decís y tenía más que vos, no errábades en quitárselo primero, pues decís quel también os lo quitaba.

—Sí es, y sí tiene, y también me lo quitaba él a mí; mas, de cuantas veces yo se le quitaba primero, no fuera malo comedirse él alguna y ganarme por la mano.

—Parésceme, señor —le dije yo—, que en eso no mirara, mayormente con mis mayores que yo y que tienen más.

—Eres muchacho —me respondió— y no sientes las cosas de la honra, en que el día de hoy está todo el caudal de los hombres de bien. Pues hágote saber que yo soy, como ves, un escudero; mas, ¡vótote a Dios!, si al conde topo en la calle y no me quita muy bien quitado del todo el bonete, que otra vez que venga me sepa yo entrar en una casa, fingiendo yo en ella algún negocio, o atravesar otra calle, si la hay, antes que llegue a mí, por no quitárselo. Que un hidalgo no debe a otro que a Dios y al rey nada, ni es justo, siendo hombre de bien, se descuide un punto de tener en mucho su persona. Acuérdome que un día deshonré en mi tierra a un oficial, y quise poner en él las manos, porque cada vez que le topaba, me decía: «Mantenga Dios a V. M.» «Vos, don villano ruin, le dije yo, ¿por qué no sois bien criado? ¿Manténgaos Dios, me habéis de decir, como si fuese quienquiera?» De allí adelante, de aquí acullá me quitaba el bonete, y hablaba como debía.

—¿Y no es buena manera de saludar un hombre a otro —dije yo— decirle que le mantenga Dios?

—¡Mira mucho de enhoramala! —dijo él—. A los hombres de poca arte dicen eso; mas a los más altos, como yo, no les han de hablar menos de: «Beso las manos de V. M.», o por lo menos: «Bésoos, señor, las manos», si el que me habla es caballero. Y así, aquél de mi tierra que me atestaba de mantenimiento nunca más le quise sufrir, ni sufriría, ni sufriré a hombre del mundo, del rey abajo, que: «Manténgaos Dios» me diga.

«Pecador de mí —dije yo—, por eso tiene tan poco cuidado de mantenerte, pues no sufres que nadie se lo ruegue.»

—Mayormente —dijo— que no soy tan pobre que no tengo en mi tierra un solar de casas, que a estar ellas en pie y bien labradas, diez y seis leguas de donde nací, en aquella costanilla de Valladolid, valdrían más de docientos mil maravedís, según se podrían hacer grandes y buenas; y tengo un palomar, que a no estar derribado como está, daría cada año más de docientos palominos; y otras cosas que me callo, que dejé por lo que tocaba a mi honra. Y vine a esta ciudad pensando que hallaría un buen asiento; mas no me ha sucedido como pensé. Canónigos y señores de la iglesia muchos hallo, mas es gente tan limitada, que no los sacarán de su paso todo el mundo. Caballeros de media talla también me ruegan; mas servir a éstos es gran trabajo, porque de hombre os habéis de convertir en malilla[1], y si no: «Andá

1. *Malilla:* un naipe comodín.

con Dios», os dicen. Y las más veces son los pagamentos a largos plazos, y las más y las más ciertas comido por servido. Ya cuando quieren reformar consciencia y satisfaceros vuestros sudores, sois librado en la recámara, en un sudado jubón, o raída capa o sayo. Ya cuando asienta hombre con un señor de título, todavía pasa su laceria. ¿Pues, por ventura, no hay en mí habilidad para servir y contentar a éstos? Por Dios, si con él topase, muy gran su privado pienso que fuese, y que mil servicios le hiciese, porque yo sabría mentille tan bien como otro, y agradalle a las mil maravillas; reille ya mucho sus donaires y costumbres, aunque no fuesen las mejores del mundo; nunca decille cosa que le pesase, aunque mucho le cumpliese; ser muy diligente en su persona, en dicho y hecho; no me matar por no hacer bien las cosas que él no había de ver; y ponerme a reñir donde él lo oyese con la gente de servicio, porque pareciese tener gran cuidado de lo que a él tocaba; si riñiese con alguno su criado, dar unos puntillos agudos para le encender la ira, y que pareciesen en favor del culpado; decirle bien de lo que bien le estuviese, y por el contrario, ser malicioso, mofador, malsinar[1] a los de casa y a los de fuera, pesquisar y procurar de saber vidas ajenas para contárselas, y otras muchas galas desta calidad, que hoy día se usan en palacio y a los señores dél parecen bien. Y no quieren ver en sus casas hombres virtuosos; antes los aborrecen y tienen en poco y llaman necios, y que no son personas de negocios ni con quien el señor se puede descuidar; y con éstos los astutos usan, como digo, el día de hoy, de lo que yo usaría; mas no quiere mi ventura que le halle.

Desta manera lamentaba también su adversa fortuna mi amo, dándome relación de su persona valerosa.

Pues estando en esto, entró por la puerta un hombre y una vieja. El hombre pide el alquile de la casa y la vieja el de la cama. Hacen cuenta, y de dos meses le alcanzaron lo que él en un año no alcanzara. Pienso que fueron doce o trece reales. Y él les dio muy buena respuesta: que saldría a la plaza a trocar una pieza de a dos y que a la tarde volviesen; mas su salida fue sin vuelta.

1. *Malsinar:* acusar, delatar, hablar mal de alguien.

Por manera que a la tarde volvieron; mas fue tarde. Yo les dije que aún no era venido. Venida la noche y él no, yo hube miedo de quedar en casa solo, y fuime a las vecinas y contéles el caso, y allí dormí.

Venida la mañana, los acreedores vuelven y preguntan por el vecino, mas a estotra puerta. Las mujeres les responden:

—Veis aquí su mozo y la llave de la puerta.

Ellos me preguntaron por él, y díjeles que no sabía adónde estaba y que tampoco había vuelto a casa desque salió a trocar la pieza, y que pensaba que de mí y de ellos se había ido con el trueco.

De que esto me oyeron, van por un alguacil y un escribano. Y helos do vuelven luego con ellos, y toman la llave, y llámanme, y llaman testigos, y abren la puerta, y entran a embargar la hacienda de mi amo hasta ser pagados de su deuda. Anduvieron toda la casa, y halláronla desembarazada, como he contado, y dícenme:

—¿Qué es de la hacienda de tu amo: sus arcas y paños de pared y alhajas de casa?

—No sé yo eso —les respondí.

—Sin duda —dicen—, esta noche lo deben de haber alzado y llevado a alguna parte. Señor alguacil, prended a este mozo, que él sabe dónde está.

En esto vino el alguacil y echóme mano por el collar del jubón, diciendo:

—Mochacho, tú eres preso si no descubres los bienes deste tu amo.

Yo, como en otra tal no me hubiese visto, porque asido del collar sí había sido muchas veces, mas era mansamente dél trabado, para que mostrase el camino al que no vía, yo hube mucho miedo, y llorando prometíle de decir lo que me preguntaban.

—Bien está —dicen ellos—, pues di lo que sabes y no hayas temor.

Sentóse el escribano en un poyo para escrebir el inventario, preguntándome qué tenía.

—Señores —dije yo—, lo que éste mi amo tiene, según él me dijo, es un buen solar de casas y un palomar derribado.

—Bien está —dicen ellos—; por poco que eso valga, hay

para nos entregar de la deuda. ¿Y a qué parte de la ciudad tiene eso? —me preguntaron.

—En su tierra —les respondí.

—Por Dios, que está bueno el negocio —dijeron ellos—, ¿y adónde es su tierra?

—De Castilla la Vieja me dijo él que era —les dije.

Riéronse mucho el alguacil y el escribano, diciendo:

—Bastante relación es ésta para cobrar vuestra deuda, aunque mejor fuese.

Las vecinas que estaban presentes, dijeron:

—Señores: éste es un niño inocente y ha pocos días que está con ese escudero, y no sabe dél más que vuestras mercedes, sino cuanto el pecadorcico se llega aquí a nuestra casa, y le damos de comer lo que podemos por amor de Dios, y a las noches se iba a dormir con él.

Vista mi inocencia, dejáronme, dándome por libre. Y el alguacil y el escribano piden al hombre y a la mujer sus derechos. Sobre lo cual tuvieron gran contienda y ruido. Porque ellos allegaron no ser obligados a pagar, pues no había de qué ni se hacía el embargo. Los otros decían que habían dejado de ir a otro negocio que les importaba más por venir a aquél.

Finalmente, después de dadas muchas voces, al cabo carga un porquerón[1] con el viejo alfamar[2] de la vieja, aunque no iba muy cargado. Allá van todos cinco dando voces. No sé en qué paró: creo yo que el pecador alfamar pagara por todos. Y bien se empleaba, pues el tiempo que había de reposar y descansar de los trabajos pasados se andaba alquilando.

Así, como he contado, me dejó mi pobre tercero amo, do acabé de conocer mi ruin dicha, pues, señalándose todo lo que podía contra mí, hacía mis negocios tan al revés, que los amos, que suelen ser dejados de los mozos, en mí no fuese así, mas que mi amo me dejase y huyese de mí.

1. *Porquerón:* corchete.
2. *Alfamar:* cobertor.

TRATADO IV

COMO LAZARO SE ASENTO CON UN FRAILE DE LA MERCED Y DE LO QUE LE ACAESCIO CON EL

Hube de buscar el cuarto, y éste fue un fraile de la Merced, que[1] las mujercillas que digo me encaminaron. Al cual ellas le llamaban pariente. Gran enemigo del coro y de comer en el convento, perdido por andar fuera, amicísimo de negocios seglares y visitas. Tanto, que pienso que rompía él más zapatos que todo el convento. Este me dio los primeros zapatos que rompí en mi vida; mas no me duraron ocho días; ni yo pude con su trote durar más. Y por esto, y por otras cosillas que no digo, salí dél.

1. *Que:* a quien.

TRATADO V

COMO LAZARO SE ASENTO CON UN BULDERO Y DE LAS COSAS QUE CON EL PASO

En el quinto por mi ventura di, que fue un buldero, el más desenvuelto y desvergonzado, y el mayor echador dellas que jamás yo vi ni ver espero, ni pienso nadie vio. Porque tenía y buscaba modos y maneras y muy sotiles invenciones.

En entrando en los lugares do había de presentar la bulla,[1] primero presentaba a los clérigos o curas algunas cosillas, no tampoco de mucho valor ni sustancia: una lechuga murciana, si era por el tiempo un par de limas o naranjas, un melocotón, un par de duraznos, cada sendas peras verdiñales. Así procuraba tenerlos propicios, porque favoreciesen su negocio y llamasen sus feligreses a tomar la bulla.

Ofreciéndosele a él las gracias, informábase de la suficiencia dellos. Si decían que entendían, no hablaba palabra en latín, por no dar tropezón; mas aprovechábase de un gentil y bien cortado romance y desenvoltísima lengua. Y si sabía que los dichos clérigos eran de los reverendos, digo que más con dineros que con letras, y con reverendas[2] se ordenan, hacíase entre ellos un santo Tomás y hablaba dos horas en latín. A lo menos, que lo parecía, aunque no lo era.

Cuando por bien no le tomaban las bullas, buscaba cómo

1. *Presentar la bulla:* predicar el sermón de la bula.

2. *Reverendas:* fórmula con que se iniciaban las cartas con las que un obispo autoriza a otro para ordenar a uno de sus diocesanos.

por mal se las tomasen. Y para aquello hacía molestias al pueblo; y otras veces con mañosos artificios. Y porque todos los que le veía hacer sería largo de contar, diré uno muy sotil y donoso, con el cual probaré bien su suficiencia.

En un lugar de la Sagra de Toledo había predicado dos o tres días, haciendo sus acostumbradas diligencias, y no le habían tomado bulla, ni a mi ver tenían intención de se la tomar. Estaba dado al diablo con aquello, y pensando qué hacer, se acordó de convidar al pueblo para otro día de mañana despedir la bulla.

Y esa noche, después de cenar, pusiéronse a jugar la colación él y el alguacil. Y sobre el juego vinieron a reñir y a haber malas palabras. El llamó al alguacil ladrón, y el otro a él falsario. Sobre esto, el señor comisario, mi señor, tomó un lanzón que en el portal do jugaban estaba. El alguacil puso mano a su espada, que en la cinta tenía.

Al ruido y voces, que todos dimos, acuden los huéspedes y vecinos, y métense en medio. Y ellos, muy enojados, procurándose de desembarazar de los que en medio estaban para se matar. Mas como la gente al gran ruido cargase, y la casa estuviese llena della, viendo que no podían afrentarse con las armas, decíanse palabras injuriosas, entre las cuales el alguacil dijo a mi amo que era falsario y las bullas que predicaba eran falsas.

Finalmente, que los del pueblo, viendo que no bastaban a ponellos en paz, acordaron de llevar al alguacil de la posada a otra parte. Y así quedó mi amo muy enojado. Y después que los huéspedes y vecinos le hubieron rogado que perdiese el enojo, y se fuese a dormir, se fue, y así nos echamos todos.

La mañana venida, mi amo se fue a la iglesia y mandó tañer a misa y al sermón para despedir la bulla. Y el pueblo se juntó, el cual andaba murmurando de las bullas, diciendo cómo eran falsas y que el mismo alguacil, riñendo, lo había descubierto. De manera que, atrás que tenían mala gana de tomalla, con aquello del todo la aborrescieron.

El señor comisario se subió al púlpito, y comienza su sermón, y a animar la gente a que no quedasen sin tanto bien y indulgencia como la santa bulla traía.

Estando en lo mejor del sermón, entra por la puerta de la iglesia el alguacil, y desque hizo oración, levantóse, y con voz alta y pausada, cuerdamente comenzó a decir:

—Buenos hombres, oídme una palabra, que después oiréis a quien quisierdes. Yo vine aquí con este echacuervo[1] que os predica, el cual me engañó, y dijo que le favoreciese en este negocio, y que partiríamos la ganancia. Y agora, visto el daño que haría a mi consciencia y a vuestras haciendas, arrepentido de lo hecho, os declaro claramente que las bullas que predica son falsas y que no le creáis ni las toméis, y que yo, *directe* ni *indirecte,* no soy parte en ellas, y que desde agora dejo la vara y doy con ella en el suelo. Y si en algún tiempo éste fuere castigado por la falsedad, que vosotros me seáis testigos cómo yo no soy con él ni le doy a ello ayuda, antes os desengaño, y declaro su maldad. Y acabó su razonamiento.

Algunos hombres honrados que allí estaban se quisieron levantar y echar al alguacil fuera de la iglesia, por evitar escándalo. Mas mi amo les fue a la mano y mandó a todos que, so pena de excomunión, no le estorbasen, mas que le dejasen decir todo lo que quisiese. Y así él también tuvo silencio mientras el alguacil dijo todo lo que he dicho.

Como calló, mi amo le preguntó si quería decir más, que lo dijese.

El alguacil dijo:

—Harto más hay que decir de vos, y de vuestra falsedad; mas por agora basta.

El señor comisario se hincó de rodillas en el púlpito, y puestas las manos y mirando al cielo, dijo así:

—Señor Dios, a quien ninguna cosa es escondida, antes todas manifiestas, y a quien nada es imposible, antes todo posible: tú sabes la verdad y cuán injustamente yo soy afrentado. En lo que a mí toca, yo le perdono, porque tú, Señor, me perdones. No mires a aquel que no sabe lo que hace ni dice; mas la injuria a ti hecha te suplico, y por justicia te pido, no disimules; porque alguno que está aquí, que por ventura pensó tomar aquesta santa bulla, dando

1. *Echacuervo:* en ciertos lugares así se llamaba a los predicadores de las bulas.

créditos a las falsas palabras de aquel hombre lo dejará de hacer. Y, pues es tanto perjuicio del prójimo, te suplico yo, Señor, no lo disimules, mas luego muestra aquí milagro, y sea desta manera: que si es verdad lo que aquél dice y que yo traigo maldad y falsedad, este púlpito se hunda conmigo y meta siete estado debajo de tierra, do él ni yo jamás parezcamos; y si es verdad lo que yo digo y aquél, persuadido del demonio (por quitar y privar a los que están presentes de tan gran bien), dice maldad, también sea castigado y de todos conocida su malicia.

Apenas había acabado su oración el devoto señor mío, cuando el negro alguacil cae de su estado, y da tan gran golpe en el suelo, que la iglesia toda hizo resonar, y comenzó a bramar y echar espumajos por la boca y torcella y hacer visajes con el gesto, dando de pie y de mano, revolviéndose por aquel suelo a una parte y a otra.

El estruendo a voces de la gente era tan grande, que no se oían unos a otros. Algunos estaban espantados y temerosos.

Unos decían: «El señor le socorra y valga.» Otros: «Bien se le emplea, pues levantaba tan falso testimonio.»

Finalmente, algunos que allí estaban, y a mi parecer no sin harto temor, se llegaron y le trabaron de los brazos, con los cuales daba fuertes puñadas a los que cerca dél estaban. Otros le tiraban por las piernas, y tuvieron reciamente, porque no había mula falsa en el mundo que tan recias coces tirase. Y así le tuvieron un gran rato. Porque más de quince hombres estaban sobre él, y a todos daba las manos llenas,[1] y si se descuidaban, en los hocicos.

A todo esto, el señor mi amo estaba en el púlpito de rodillas, las manos y los ojos puestos en el cielo, transportado en la divina esencia, que el planto, y ruido y voces que en la iglesia había no eran parte para apartalle de su divina contemplación.

Aquellos buenos hombres llegaron a él, y dando voces le despertaron, y le suplicaron quisiese socorrer a aquel pobre, que estaba muriendo, y que no mirase a las cosas pasadas ni a sus dichos malos, pues ya dellos tenía el pago;

1. *Daba las manos llenas:* daba en abundancia.

mas si en algo podía aprovechar para librarle del peligro y pasión que padescía, por amor de Dios lo hiciese, pues ellos veían clara la culpa del culpado, y la verdad y bondad suya, pues a su petición y venganza el Señor no alargó el castigo.

El señor comisario, como quien despierta de un dulce sueño, los miró, y miró al delincuente y a todos los que alrededor estaban, y muy pausadamente les dijo:

—Buenos hombres, vosotros nunca habíades de rogar por un hombre en quien Dios tan señaladamente se ha señalado; mas, pues El nos manda que no volvamos mal por mal, y perdonemos las injurias, con confianza podremos suplicarle que cumpla lo que nos manda y Su Majestad perdone a éste, que le ofendió poniendo en su santa fe obstáculo. Vamos todos a suplicalle.

Y así, bajó del púlpito y encomendó aquí muy devotamente suplicasen a Nuestro Señor tuviese por bien de perdonar a aquel pecador y volverle en su salud y sano juicio, y lanzar dél el demonio, si Su Majestad había permitido que por su gran pecado en él entrase.

Todos se hincaron de rodillas, y delante del altar, con los clérigos, comenzaban a cantar con voz baja una letanía. Y viniendo él con la cruz y agua bendita, después de haber sobre él cantado, el señor mi amo, puestas las manos al cielo y los ojos que casi nada se le parecía sino un poco de blanco, comienza una oración no menos larga que devota, con la cual hizo llorar a toda la gente, como suelen hacer en los sermones de Pasión, de predicador y auditorio devoto, suplicando a Nuestro Señor, pues no quería la muerte del pecador, sino su vida y arrepentimiento, que aquel encaminado por el demonio y persuadido de la muerte y pecado, le quisiese perdonar y dar vida y salud, para que se arrepintiese y confesase sus pecados.

Y esto hecho, mandó traer la bulla y púsosela en la cabeza. Y luego el pecador del alguacil comenzó, poco a poco, a estar mejor y tornar en sí. Y desque fue bien vuelto en su acuerdo, echóse a los pies del señor comisario y demandóle perdón; confesó haber dicho aquello por la boca y mandamiento del demonio, lo uno, por hacer a él daño y vengarse del enojo; lo otro, y más principal, porque el demonio recibía mucha pena del bien que allí se hiciera en tomar la bulla.

El señor mi amo le perdonó, y fueron hechas las amistades entre ellos. Y a tomar la bulla hubo tanta priesa, que casi ánima viviente en el lugar no quedó sin ella, marido y mujer, y hijos y hijas, mozos y mozas.

Divulgóse la nueva de lo acaecido por los lugares comarcanos, y cuando a ellos llegábamos no era menester sermón ni ir a la iglesia, que a la posada la venían a tomar, como si fueran peras que se dieran de balde. De manera que, en diez o doce lugares de aquellos alrededores donde fuimos, echó el señor mi amo otras tantas mil bullas sin predicar sermón.

Cuando se hizo el ensayo, confieso mi pecado que también fui dello espantado, y creí que así era, como otros muchos; mas con ver después la risa y burla que mi amo y el alguacil llevaban y hacían del negocio, conocí cómo había sido industriado por el industrioso y inventivo de mi amo.[1]

Y aunque mochacho, cayóme mucho en gracia y dije entre mí: «¡Cuántas destas deben hacer estos burladores entre la inocente gente!»

Finalmente, estuve con este mi quinto amo cerca de cuatro meses, en los cuales pasé también hartas fatigas.

1. La edición de Alcalá añade aquí el siguiente pasaje:

Acaesciónos en otro lugar, el cual no quiero nombrar por su honra, lo siguiente: Y fue que mi amo predicó dos o tres sermones, y do a Dios la bulla tomaban. Visto por el astuto de mi amo lo que pasaba, y que aunque decía se fiaban por un año no aprovechaba, y que estaban tan rebeldes en tomarla, y que su trabajo era perdido, hizo tocar las campanas para despedirse, y hecho su sermón y despedido desde el púlpito, ya que se quería abajar, llamó al escribano y a mí, que iba cargado con unas alforjas, e hízonos llegar al primer escalón, y tomó al alguacil las que en las manos llevaba, y las que tenía en las alforjas púsolas junto a sus pies, y tornóse a poner en el púlpito con cara alegre, y a arrojar desde allí, de diez en diez y de veinte en veinte, de sus bullas hacia todas partes diciendo:

—Hermanos míos, tomad, tomad de las gracias que Dios os envía hasta vuestras casas, y no os duela, pues es obra tan pía la redempción de los cautivos cristianos que están en tierra de moros; porque no renieguen nuestra sancta fe y vayan a las penas del infierno, siquiera ayudaldes con vuestra limosna, y con cinco Pater nostres y cinco Avemarías, para que salgan de cautiverio. Y aun también aprovechan para los padres y hermanos y deudos que tenéis en el purgatorio, como lo veréis en esta sancta bulla.

Como el pueblo las vio así arrojar, como cosa que la daba de balde y ser venida de la mano de Dios, tomaban a más tomar, aun para los niños de la cuna y para todos sus defunctos contando desde los hijos hasta el menor criado que tenían, contándolos por los dedos. Vímonos en tanta priesa, que a mí aínas me acabaron de romper un pobre y viejo sayo que traía, de manera que certifico a V. M. que en poco más de un hora no quedó bulla en las alforjas, y fue necesario ir a la posada por más.

Acabados de tomar todos, dijo mi amo desde el púlpito a su escribano y al del Concejo que se levantasen: y para que se supiese quién eran los que habían de gozar de la santa bulla, y para que él diese buena cuenta a quien le había enviado, se escribiesen.

Y así, luego, todos de muy buena voluntad decían las que habían tomado, contando por orden los hijos, y criados, y defunctos.

Hecho su inventario, pidió a los alcaldes que, por caridad, porque él tenía que hacer en otra parte, mandasen al escribano le diese autoridad del inventario y memoria de las que allí quedaban, que, según decía el escribano, eran más de dos mil.

Hecho esto, él se despedió con mucha paz y amor, y ansí nos partimos deste lugar. Y aun antes que nos partiésemos, fue preguntado él por el teniente cura del lugar y por los regidores si la bulla aprovechaba para las criaturas que estaban en el vientre de sus madres.

A lo cual él respondió que, según las letras que él había estudiado, que no, que lo fuesen a preguntar a los doctores más antiguos que él, y que esto era lo que sentía en este negocio.

E ansí nos partimos, yendo todos muy alegres del buen negocio. Decía mi amo al alguacil y escribano:

—Que ¿os paresce como a estos villanos, que con sólo decir cristianos viejos somos, sin hacer obras de caridad se piensan salvar, sin poner nada de su hacienda? Pues, por vida del licenciado Pascasio Gómez, que a su costa se saquen más de diez cautivos.

Y ansí nos fuimos hasta otro lugar de aquel, cabo de Toledo, hacia la Mancha, que se dice, adonde topamos otros más obstinados en tomar bullas. Hechas mi amo y los demás que íbamos nuestras diligencias, en dos fiestas que allí estuvimos no se habían echado treinta bullas.

Visto por mi amo la gran perdición y la mucha costa que traía, y el ardideza que el sotil de mi amo tuvo para hacer despender sus bullas fue que este día dijo la misa mayor, y después de acabado el sermón y vuelto al altar, tomó una cruz que traía de poco más de un palmo, y en un brasero de lumbre que encima del altar había, el cual habían traído para calentarse las manos, porque hacía gran frío, púsole detrás del misal, sin que nadie mirase en ello. Y allí, sin decir nada, puso la cruz encima la lumbre, y ya que hubo acabado la misa y echada la bendición, tomóla con un pañizuelo, bien envuelta la cruz en la mano derecha y en la otra la bulla, y ansí se bajó hasta la postrera grada del altar, adonde hizo que besaba la cruz. E hizo señal que viniesen adorar la cruz. Y ansí vinieron los alcaldes los primeros y los más ancianos del lugar, viniendo uno a uno, como se usa.

Y el primero que llegó, que era un alcalde viejo, aunque él le dio a besar la cruz bien delicadamente, se abrasó los rostros y se quitó presto a fuera. Lo cual visto por mi amo le dijo:

—¡Paso, quedo, señor alcalde! ¡Milagro!

Y ansí hicieron otros siete o ocho. Y a todos les decía:

—¡Paso, señores! ¡Milagro!

Cuando él vido que los rostriquemados bastaban para testigos del milagro, no la quiso dar más a besar. Subióse al pie del altar y de allí decía cosas maravillosas, diciendo que por la poca caridad que había en ellos había Dios permitido aquel milagro, y que aquella cruz había de ser llevada a la santa iglesia mayor de su obispado. Que por la poca caridad que en el pueblo había, la cruz ardía.

Fue tanta la prisa que hubo en el tomar de la bulla, que no bastaban dos escribanos ni los clérigos ni sacristanes a escribir. Creo de cierto que se tomaron más de tres mil bullas, como tengo dicho a V. M.

Después, al partir, él fue con gran reverencia, como es razón, a tomar la sancta cruz, diciendo que la había de hacer engastonar en oro, como era razón.

Fue rogado mucho del Concejo y clérigos del lugar les dejase allí aquella sancta cruz, por memoria del milagro allí acaescido. El en ninguna manera lo quería hacer, y al fin, rogado de tantos, se la dejó. Conque le dieron otra cruz vieja que tenían, antigua, de plata, que podrá pesar dos o tres libras, según decían.

Y ansí nos partimos alegres con el buen trueque y con haber negociado bien. En todo no vio nadie lo susodicho sino yo. Porque me subía par del altar para ver si había quedado algo en las ampollas, para ponello en cobro, como otras veces yo lo tenía de costumbre. Y como allí me vio, púsose el dedo en la boca, haciéndome señal que callase. Yo ansí lo hice, porque me cumplía, aunque después que vi el milagro no cabía en mí por echallo fuera. Sino que el temor de mi astuto amo no me lo dejaba comunicar con nadie, ni nunca de mí salió. Porque me tomó juramento que no descubriese el milagro, y ansí lo hice hasta agora.

TRATADO VI

COMO LAZARO SE ASENTO CON UN CAPELLAN Y DE LO QUE CON EL PASO

Después desto, asenté con un maestro de pintar panderos, para molelle los colores, y también sufrí mil males.

Siendo ya en este tiempo buen mozuelo, entrando un día en la iglesia mayor, un capellán della me recibió por suyo. Y púsome en poder un asno y cuatro cántaros, y un azote, y comencé a echar agua por la ciudad. Este fue el primer escalón que yo subí para venir a alcanzar buena vida, porque mi boca era medida. Daba cada día a mi amo treinta maravedís ganados, y los sábados ganaba para mí, y todo lo demás, entre semana, de treinta maravedís.

Fueme tan bien en el oficio, que al cabo de cuatro años que lo usé, con poner en la ganancia buen recaudo, ahorré para me vestir muy honradamente de la ropa vieja. De la cual compré un jubón de fustán[1] viejo y un sayo raído, de manga tranzada y puerta,[2] y una capa que había sido frisada,[3] y una espada de las viejas primeras de Cuéllar.[4] Desque me vi en hábito de hombre de bien, dije a mi amo se tomase su asno, que no quería más seguir aquel oficio.

1. *Fustán:* tela pobre.
2. *Sayo de manga tranzada y puerta.* El sayo abierto por el delantero.
3. *Frisada:* con el pelo escardado.
4. *Cuéllar:* espadero muy popular en Toledo.

TRATADO VII

COMO LAZARO SE ASENTO CON UN ALGUACIL Y DE LO QUE LE ACAESCIO CON EL

Despedido del capellán, asenté por hombre de justicia con un alguacil. Mas muy poco viví con él, por parecerme oficio peligroso. Mayormente, que una noche nos corrieron a mí y a mi amo a pedradas y a palos unos retraídos. Y a mi amo, que esperó, trataron mal, mas a mí no me alcanzaron. Con esto renegué del trato.

Y pensando en qué modo de vivir haría mi asiento, por tener descanso y ganar algo para la vejez, quiso Dios alumbrarme, y ponerme en camino y manera provechosa. Y con favor que tuve de amigos y señores, todos mis trabajos y fatigas hasta entonces pasados fueron pagados con alcanzar lo que procuré: que fue un oficio real, viendo que no hay nadie que medre, sino los que le tienen.

En el cual día de hoy yo vivo y resido a servicio de Dios y de V. M. Y es que tengo cargo de pregonar los vinos que en esta ciudad se venden, y en almonedas y cosas perdidas, acompañar los que padecen persecuciones por justicia y declarar a voces sus delitos: pregonero, hablando en buen romance.[1]

1. La edición de Alcalá intercala:
En el cual oficio, un día que ahorcábamos un apañador en Toledo, y llevaba una buena soga de esparto, conoscí y caí en la cuenta de la sentencia que aquel mi ciego amo había dicho en Escalona, y me arrepentí del mal pago que le di, por lo mucho que me enseñó. Que, después de Dios, él me dio industria para llegar al estado que ahora estó.

Hame sucedido tan bien, y yo le he usado tan fácilmente, que casi todas las cosas al oficio tocantes pasan por mi mano. Tanto, que en toda la ciudad, el que ha de echar vino a vender, o algo, si Lázaro de Tormes no entiende en ello, hacen cuenta de no sacar provecho.

En este tiempo, viendo mi habilidad y buen vivir, teniendo noticia de mi persona el señor arcipreste de San Salvador, mi señor, y servidor y amigo de V. M., porque le pregonaba sus vinos, procuró casarme con una criada suya. Y visto por mí que de tal persona no podía venir sino bien y favor, acordé de lo hacer. Y así, me casé con ella, y hasta agora no estoy arrepentido.

Porque, allende de ser buena hija, y diligente servicial, tengo en mi señor arcipreste todo favor y ayuda, y siempre en el año le da en veces al pie de una carga de trigo, por las Pascuas, su carne, y cuándo el par de bodigos, las calzas viejas que deja. Y hízonos alquilar una casilla par de la suya. Los domingos y fiestas casi todas las comíamos en su casa.

Malas lenguas, que nunca faltaron, no nos dejan vivir, diciendo no sé qué y sí sé, que ven a mi mujer irle a hacer la cama y guisalle de comer. Y mejor les ayude Dios que ellos dicen la verdad.[1]

Porque, allende de no ser ella mujer que se pague destas burlas, mi señor me ha prometido lo que pienso cumplirá. Que él me habló un día muy largo delante della y me dijo:

—Lázaro de Tormes, quien ha de mirar a dichos de malas lenguas nunca medrará. Digo esto porque no me maravillaría alguno, viendo entrar en mi casa a tu mujer y salir della... Ella entra muy a tu honra y suya, y esto te lo prometo. Por tanto, no mires a lo que puedan decir, sino a lo que te toca, digo a tu provecho.

—Señor —le dije—, yo determiné de arrimarme a los

1. Aquí la edición de Alcalá intercala:
Aunque en este tiempo siempre he tenido alguna sospéchula, y habido algunas malas cenas por esperalla algunas noches hasta las laudes, y aún más, y se me ha venido a la memoria lo que mi amo el ciego me dijo en Escalona, estando asido del cuerno. Aunque, de verdad, siempre pienso que el diablo me lo trae a la memoria por hacerme mal casado, y no le aprovecha.

buenos. Verdad es que algunos de mis amigos me han dicho algo deso, y aun por más de tres veces me han certificado que antes que conmigo casase había parido tres veces, hablando con reverencia de V. M., porque está ella delante.

Entonces mi mujer echó juramentos sobre sí, que yo pensé la casa se hundiera con nosotros. Y después tomóse a llorar y a echar mil maldiciones sobre quien conmigo la había casado. En tal manera, que quisiera ser muerto antes que se me hubiera soltado aquella palabra de la boca. Mas yo de un cabo y mi señor de otro, tanto le dijimos y otorgamos, que cesó su llanto, con juramento que le hice de nunca más en mi vida mentalle nada de aquello, y que yo holgaba y había por bien de que ella entrase y saliese, de noche y de día, pues estaba bien seguro de su bondad. Y así quedamos todos tres bien conformes.

Hasta el día de hoy nunca nadie más nos oyó sobre el caso; antes, cuando alguno siento que quiere decir algo della, le atajo y le digo:

—Mirá,[1] si sois mi amigo, no me digáis cosa con que me pese, que no tengo por amigo al que me hace pesar; mayormente, si me quiere meter mal con mi mujer, que es la cosa del mundo que yo más quiero y la amo más que a mí; y me hace Dios con ella mil mercedes y más bien que yo merezco; que yo juraré sobre la hostia consagrada, que es tan buena mujer como vive dentro de las puertas de Toledo, y quien otra cosa me dijere, yo me mataré con él.

Desta manera no me dicen nada, y yo tengo paz en mi casa.

Esto fue el mesmo año que nuestro victorioso Emperador en esta insigne ciudad de Toledo entró, y tuvo en ella Cortes, y se hicieron grandes regocijos y fiestas, como V. M. habrá oído. Pues en este tiempo estaba en mi prosperidad y en la cumbre de toda buena fortuna.[2]

1. *Mirá:* mirad.
2. La edición de Alcalá añade esta línea:
De lo que aquí adelante me sucediera avisaré a Vuestra Merced.

BIBLIOGRAFIA

VALBUENA PRAT, Angel: *La novela picaresca española.* Madrid. Aguilar. 1962. 4.ª ed.

GONZÁLEZ PALENCIA, Angel: *Del Lazarillo a Quevedo.* Madrid, 1946 (4.ª serie de *Estudios histórico-literarios*).

CEJADOR Y FRAUCA, Julio: Estudio al frente de su edición en «Clásicos Castellanos». Espasa-Calpe. Madrid.

PEÑUELAS, Marcelino C.: *Algo más sobre la picaresca. Lázaro y John Walton.* En «Hispania», XXXVI. 1953.

ATKINSON, W.: *La novela picaresca: Lazarillo de Tormes.* En «Bulletin of Spanish Studies», 1924.

BATAILLON, Marcel: *El sentido del Lazarillo de Tormes.* París, 1954.

MALDONADO DE GUEVARA, F.: *Interpretación del Lazarillo de Tormes.* En «Publicaciones de la Facultad de Filosofía y Letras». Madrid, 1957.

MARASSO, Arturo: *Aspectos del Lazarillo.* En «Estudios de Literatura Castellana». 1955.

ZAMORA VICENTE, Alonso: *Lázaro de Tormes, libro español.* En *Presencia de los clásicos.* Madrid. Espasa-Calpe. Col. Austral. 1951.

FOULCHÉ-DELBOSC: Estudio en su edición crítica del *Lazarillo de Tormes.* En «Biblioteca Hispánica», 1900.

MAZZEI, P.: Estudio en su edición crítica, italiana, del *Lazarillo.* Milán-Roma, impresa por Signorelli, 1929.

CAVALIERE, Alfredo: Estudio en su edición crítica, italiana, del *Lazarillo.* Nápoles, Giannini, 1955.

HESSE, E. W. y WILLIAMS, H. F.: Estudio en la edición crítica, inglesa, del *Lazarillo.* Madison, University of Wisconsin. Con prólogo de Américo Castro, 1948.

CASTRO, Américo: *El Lazarillo de Tormes.*
MOREL-FATIO, A.: *Recherches sur «Lazarille de Tormes».* En *Etùdes sur l'Espagne.* Primera serie, París, 1888.
FONGER DE HAAN: *An Outline of the History of the Novela Picaresca in Spain.* The Hague-New York. 1903.
COURTNEY TARR, F.: *Literary and Artistic Unity in the «Lazarillo de Tormes».* Publication of the Modern Language Association of America». T. XLII, 1927.
WAGNER, Ch. Ph.: Estudio en la traducción inglesa del *Lazarillo* de L. How. Nueva York, 1917.

HISTORIA DE
LA VIDA DEL BUSCON

FRANCISCO DE QUEVEDO

INTRODUCCION

EL AUTOR

Hijo de don Pedro Gómez de Quevedo —secretario de la princesa doña María, hija de Carlos I y esposa de Maximiliano II de Alemania— y de doña María de Santibañez —que asistía a la Cámara de la reina—, Francisco de Quevedo y Villegas nació en Madrid, en septiembre de 1580, en la calle que hoy lleva su nombre, y siendo bautizado en la parroquia de San Sebastián. Estudió Humanidades con los jesuitas del Colegio Imperial. Y lenguas clásicas y Filosofía en la Universidad de Alcalá. Muy joven perdió a sus padres. Pasó a Valladolid, para cursar Teología. La poesía le tentó decisivamente; y en las *Flores,* de Espinosa, ya se leen dieciocho poesías suyas, que en nada desmerecen de las de Góngora. Con los estudios intensos —tanto que le merecieron la amistad admirativa del gran humanista Justo Lipsio—, con el ejercicio continuo de la poesía, Quevedo dedicaba sus fogosidades de temperamento al manejo de las armas. Al maestro profesional de esgrima Luis Pacheco de Narváez, le quitó el chambergo de un botonazo para demostrarle la eficacia de su *juego* original. Durante una devota celebración de las Tinieblas, en el atrio del templo de San Martín, atravesó de una estocada a cierto caballerete que se había atrevido a dar de bofetadas a una dama que no aceptaba sus galanterías. Para salvarse, huyó Quevedo a Sicilia —1611—, donde era virrey el señor duque de Osuna. Celebérrimas son las andanzas italianas de nuestro gran escritor. Confidente y consejero del de Osuna, conspiró contra Saboya y Venecia, librando en ambas intrigas la cabeza por verdadero milagro, y disfrazado de mendigo la segunda vez.

Regresó a España con la delicada misión de defender la actuación en Italia del duque de Osuna. Esfuerzo inútil. Quevedo fue desterrado —1620— a la Torre de Juan Abad, para que no se comunicase con el virrey, caído ya en desgracia real. Muerto don Felipe III, Quevedo recobró el favor regio. Por muy poco tiempo, porque a Olivares, el nuevo y omnipotente valido, *se le atragantó* el poeta, en justa correspondencia al desdén que éste tuvo para el conde-duque. Y, claro está, no pudo contenerse y escribió mal de él, ya que mal decir lo hacía con inusitada frecuencia. Se casó —1634—, por consejo del duque de Medinaceli, con doña Esperanza de Aragón y Cabra, señora de Cetina, viuda con abundantes caudales y varios hijos ya zangolotinos. El matrimonio fue una continuada gresca de insultos y de pleitos, muy aireados y sonados en la Corte, con gran regocijo de los cortesanos. Al fin se separaron los cónyuges en 1636. La señora se llevó sus hijos y... sus caudales.

A fines de 1639, y al iniciarse un banquete monumental y regio, encontró don Felipe IV, entre los dobleces de la servilleta, el famoso Memorial que empieza: «Católica, sacra y real majestad.» Averiguado, por la delación de un falsísimo amigo del poeta, que su autor era Quevedo, fue detenido éste a las once de la noche del 7 de diciembre y llevado a San Marcos de León, donde estuvo preso, en mazmorra lóbrega y húmeda, durante cuatro años. Terminada la privanza de Olivares —1643—, por intercesión de don Juan de Chumacero, presidente del Consejo de Castilla, el rey decretó la libertad de Quevedo, quien, caduco y morboso, se retiró a la Torre de Juan Abad —1644— para, un año después, morir en Villanueva de los Infantes, en la casa del famoso humanista Bartolomé Jiménez Patón, gran amigo de Quevedo.

«Varón de los más admirables que tuvo España —escribe Cejador, que tanto y con tanta agudeza le estudió—, en lo vivo del ingenio, en lo agudo de los dichos, en lo hondo de sus sentencias. Su apacibilidad y gracia en el decir no tuvieron, ni después han tenido, rival en nuestra patria. El genio español y el genio de la lengua castellana parecen encarnados en Quevedo. Alma noble y generosa, corazón ardiente, fantasía rica y volandera, pasiones desaforadas. A puñados brotan de sus escritos las maneras de decir más populares y castizas, con todo el brío y el color del realismo de la raza. Su pluma satírica pintó las rasgadas costumbres de su tiempo como nadie lo hizo en España. La socarronería castellana frúncele a la continua el labio. Su españolismo le llevó a batallar contra el depravado estilo de Góngora; pero lo agudo de su ingenio le hizo acrisolar otra depravación del estilo: el conceptismo, del cual fue maestro no igualado ni aun por el mismo Gracián. El tesoro inmenso de su castizo léxico, la maestría en doblegar a su talante la frase castellana, la facilidad no sobrepujada en versificar, la valentía de colorido en la expresión sirvieron a su sin par ingenio para escribir trozos, ya en prosa, ya en verso, de los más hermosos que pueden leer en lengua castellana.»

LA OBRA

Francisco de Quevedo, de una fecundidad asombrosa, escribió de las más variadas materias: obras festivas, novela picaresca, obras satíricas, fantasías morales, obras políticas, obras crítico-literarias, obras filosóficas, obras ascéticas, epístolas, traducciones de San Francisco de Sales y de Séneca, teatro... Pero ahora sólo nos importa referirnos a su novela picaresca *Historia de la vida del Buscón, llamado don Pablos;* obra tan extraordinaria que si sólo nos quedara ella, de toda la producción de Quevedo, bastaría para colocarle entre los autores más admirables de nuestras letras: los dos Arciprestes —el de Hita y el de Talavera, Fernando de Rojas, el anónimo del *Lazarillo,* Mateo Alemán, el Cervantes de las novelas ejemplares...

Posiblemente la escribió Quevedo, en plena juventud, entre 1603 y 1608, aun cuando la retocase luego, varias veces, según nos hacen sospechar los distintos manuscritos que de ella se conservan: tres. La primera edición apareció en Zaragoza y en 1626, realizada, posiblemente, sin intervención del autor, ya que su texto responde a uno de los manuscritos más defectuosos. La segunda edición también apareció en Zaragoza, en 1628. Desde este año las ediciones se multiplicaron dentro y fuera de España, traducido a todos los idiomas cultos. Las ediciones de las obras de Quevedo se multiplicaron, repito, con rapidez vertiginosa. Ediciones fraudulentas. Ediciones mutiladas. Ediciones apócrifas en parte, algunas. Los editores se enriquecían con ellas y no sentían rubor en acudir a los manuscritos inéditos del gran polígrafo para tomar de ellos, al azar, a capricho, a conveniencia, sin respeto alguno.

Sintiéndose enfermo, a toda prisa, Quevedo quiso recoger sus obras, ordenarlas, retocarlas. La edición iba a estar a cargo de Melchor Sánchez, de Madrid, e intitularse *Obras varias*. Desdichadamente, la muerte de Quevedo malogró la única edición seria. Jusepe Antonio González de Salas y Pedro de Alderete no hicieron sino profanar los manuscritos quevedinos y oscurecer las ediciones siguientes. Fue don Aureliano Fernández-Guerra, el mejor biógrafo que ha tenido Quevedo, quien preparó la primera edición digna de loa: la de la «Biblioteca de Autores Españoles» —I, 1852, y II, 1859—. Pero no llegó a dar fin a tan magnífica labor. Con los materiales dejados por el gran erudito, Menéndez Pelayo inició otra edición —Sevilla, 1897— para la «Sociedad de Bibliófilos Andaluces». Tampoco esta edición llegó a su fin. Si en la de Fernández-Guerra faltaron las obras en verso, y algunas en prosa, en la de Menéndez Pelayo faltaron las obras en prosa y algunas en verso. La primera edición rigurosamente completa de Quevedo la realizó en dos tomos —Madrid, Aguilar, 1932— Luis Astrana Marín, quien siguió las sugerencias de Fernández-Guerra con una propia investigación notabilísima.

«El *Buscón* es sencillo en la acción y complejísimo en la forma expresiva. En cuanto al plan y los episodios, se aproximan a la primera fase de la picaresca, siendo tal vez la obra del género que más cerca se halla de la habilidad narrativa, de la amenidad novelesca del *Lazarillo*. El protagonista ocupa el centro pleno de la acción, sin figuras secundarias, más que accesorias, si bien algunas son unos esperpentos tan inolvidables como el de maese Cabra. Más que un mozo de diversos amos, Pablos es un aventurero, y eso le diferencia del Lazarillo de Tormes. Hacia el medio del libro, en las aventuras de la Corte, los rasgos descomunales se achican y la obra se acerca más que en el principio al tipo de la picaresca usual, que siempre lleva una cierta desrealización, hacia el lado de lo feo, lo grotesco y lo amargo. Pablos llega a balancearse entre el amor y la amistad de las personas de una clase superior. Hay el asomo de una tragedia íntima de la persona de baja extracción social, en la sociedad de su tiempo, que volveremos a hallar en *El Bachiller Trapaza,* de Castillo Solórzano.» (Valbuena Prat: *La Novela Picaresca.*)

«El *Buscón* —escribe Juan Luis Alborg, en su *Historia de la Literatura Española*— es exponente genuino del más peculiar estilo quevedesco, de su prosa precisa, gráfica, agresiva, dueña siempre de los matices más sugerentes, del giro más audaz, de la más atrevida metáfora. Todas las formas del conceptismo se dan aquí fundidas, sin reunir siquiera el exceso. Sin embargo, la prosa del *Buscón* jamás resulta difícil ni enfadosa, y en punto a interés y amenidad pocas novelas picarescas —quizá ninguna— le superan.»

El *Buscón* es una escalofriante obra *de burlas* agresivas contra todos, contra todo, entre grotesca y trágica, de la sutileza más aguda, y más que caricatura deformación del realismo, impresionante mezcla de chistes, retruécanos y hondura dolorosa en algún momento. En el *Buscón* está indudablemente el origen de esos *esperpentos* tragicómicos, desorbitados sin pérdida alguna de su autenticidad realista, que modernamente popularizó Valle-Inclán.

En el texto manuscrito la obra tenía este título: *La vida del Buscavida, por otro nombre don Pablos.* En la edición de Zaragoza: *Historia de la vida del buscón, llamado don Pablos, ejemplo de vaganundos y espejo de tacaños.* En las ediciones de los siglos XVIII, XIX y principios del XX: *El gran tacaño* (tacaño en acepción de astuto, enredador, pícaro).

FEDERICO CARLOS SAINZ DE ROBLES

A DON FRANCISCO DE QUEVEDO

LUCIANO, SU AMIGO

Don Francisco, en igual peso
veras y burlas tratáis;
acertado aconsejáis,
y a don Pablo hacéis travieso;
con la Tenaza, confieso
que será Buscón de traza;
al llevarla no embaraza
para su conservación;
que será espurio Buscón
si anduviera sin Tenaza.

AL LECTOR

Qué deseoso te considero, lector u oidor —que los ciegos no pueden leer—, de registrar lo gracioso de don Pablo, príncipe de la vida buscona.

Aquí hallarás, en todo género de picardía —de que pienso que los más gustan—, sutilezas, engaños, invenciones y modos, nacidos del ocio, para vivir a la droga,[1] *y no poco fruto podrás sacar de él si tienes atención al escarmiento. Y, cuando no lo hagas, aprovéchate de los sermones, que dudo nadie compre libro de burlas para apartarse de los incentivos de su natural depravado. Sea empero lo que quisieres; dale aplauso, que bien lo merece; y cuando te rías de sus chistes, alaba el ingenio de quien sabe conocer que tiene más deleite saber vidas de pícaros, descritas con gallardía, que otras invenciones de mayor ponderación.*

Su autor ya le sabes; el precio del libro no lo ignoras, pues ya le tienes en tu casa, si no es que en la del librero le hojeas, cosa pesada para él y que se había de quitar con mucho rigor, que hay gorrones de libros como de almuerzos, y hombre que saca cuento leyendo a pedazos y en diversas veces y luego le zurce; y es gran lástima que tal se haga, porque éste murmura sin costarle dineros, poltronoría bastarda y miseria no hallada del Caballero de la Tenaza.[2] *Dios te guarde del mal libro, de alguaciles y de mujer rubia,*[3] *pedigüeña y carirredonda.*[4]

1. «Vivir vida llena de mentiras.»
2. Alusión a las *Cartas* de este *caballero,* una de las primeras obras del autor.
3. Mal agüero.
4. Tonta.

LIBRO PRIMERO

CAPITULO PRIMERO

EN QUE CUENTA QUIEN ES Y DE DONDE

Yo, señor, soy de Segovia; mi padre se llamó Clemente Pablo, natural del mismo pueblo —Dios le tenga en el cielo—. Fue tal como todos dicen, de oficio barbero; aunque eran tan altos sus pensamientos, que se corría le llamasen así, diciendo que él era tundidor de mejillas y sastre de barbas. Dicen que era de muy buena cepa, y, según él bebía, es cosa para creer. Estuvo casado con Aldonza Saturno de Rebollo, hija de Octavio de Rebollo Codillo y nieta de Lépido Ziuraconte.

Sospechábase en el pueblo que no era cristiana vieja, aunque ella, por los nombres de sus pasados, esforzaba que descendía de los del triunvirato romano. Tuvo muy buen parecer, y fue tan celebrada, que en el tiempo que ella vivió todos los copleros de España hacían cosas sobre ella. Padeció grandes trabajos recién casada, y aun después, porque malas lenguas daban en decir que mi padre metía el dos de bastos para sacar el as de oros. Probósele que, a todos los que hacía la barba a navaja, mientras les daba con el agua levantándoles la cara para el lavatorio, un mi hermano de siete años les sacaba, muy a su salvo, los tuétanos de las faldriqueras. Murió el angelico de unos azotes que le dieron en la cárcel. Sintiólo mucho mi padre, por ser tal que robaba a todos las voluntades.

Por estas y otras niñerías estuvo preso; aunque, según a mí me han dicho después, salió de la cárcel con tanta honra, que le acompañaron doscientos cardenales, sino que a ninguno llamaban señoría. Las damas diz que salían por verle a las ventanas, que siempre pareció bien mi padre, a pie y a caballo. No lo digo por vanagloria, que bien saben todos cuán ajeno soy de ella.

Mi madre, pues, no tuvo calamidades. Un día, alabándomela una vieja que me crió, decía que era tal su agrado, que hechizaba a todos cuantos la trataban; sólo diz que le dijo no sé qué de un cabrón,[1] lo cual la puso cerca de que la diesen plumas con que lo hiciese en público. Hubo fama de que reedificaba doncellas, resucitaba cabellos, encubriendo canas. Unos la llamaban zurcidora de gustos; otros, algebrista[2] de voluntades desconcertadas, y por mal nombre alcahueta y flux[3] para los dineros de todos. Ver, pues, con la cara de risa que ella oía esto de todos, era para más atraerles sus voluntades. No me detendré en decir la penitencia que hacía. Tenía su aposento —donde sola ella entraba y algunas veces yo, que como era chico podía— todo rodeado de calaveras, que ella decía eran para memorias de la muerte, y otros, por vituperarla, que para voluntades de la vida. Su cama estaba armada sobre sogas de ahorcado, y decíame a mí: «¿Qué piensas? Con el recuerdo de esto aconsejo a los que bien quiero, que, para que se libren de ellas, vivan con la barba sobre el hombro, de suerte que ni aun con mínimos indicios se les averigüe lo que hicieren.»

Hubo grandes diferencias entre mis padres sobre a quién había de imitar en el oficio; mas yo, que siempre tuve pensamientos de caballero desde chiquito, nunca me apliqué ni a uno ni a otro. Decíame mi padre: «Hijo, esto de ser ladrón no es arte mecánica, sino liberal»; y de allí a un rato, habiendo suspirado, decía de manos: «Quien no hurta en el mundo, no vive. ¿Por qué piensas que los alguaciles y alcaldes nos aborrecen tanto? Unas veces nos destierran,

1. «Es el símbolo del demonio, y en su figura cuentan aparecerse a las brujas y ser reverenciado dellas.» Covarrubias.

2. El cirujano.

3. Término de juego; cartas de un mismo palo.

otras nos azotan y otras nos cuelgan, aunque nunca haya llegado el día de nuestro santo. No lo puedo decir sin lágrimas —lloraba como un niño el buen viejo acordándose de las veces que le habían bataneado las costillas—; porque no querrían que adonde están hubiese otros ladrones sino ellos y sus ministros; mas de todo nos libra la buena astucia. En mi mocedad siempre andaba por las iglesias, y no cierto de puro buen cristiano. Muchas veces me hubieran llevado en el asno si hubiera cantado con el potro. Nunca confesé sino cuando lo manda la santa madre Iglesia; y así, con esto y mi oficio he sustentado a tu madre lo más honradamente que he podido.» «¿Cómo me habéis sustentado? —dijo ella con gran cólera, que le pesaba que yo no me aplicase a la bruja—. Yo he sustentado a vos y sacádoos de las cárceles con industria, y mantenido en ellas con dinero. Si no confesábades ¿era por vuestro ánimo o por las bebidas que os daba? Gracias a mis botes. Y si no temiera que me habían de oír en la calle, yo dijera lo de cuando entré por la chimenea y os saqué por el tejado.» Más dijera, según se había encolerizado, si con los golpes que daba no se le desensartara un rosario de muelas de difuntos que tenía. Metidos en paz, yo les dije que quería aprender virtud resueltamente e ir con mis buenos pensamientos adelante, y así, que me pusiesen a la escuela, pues sin leer ni escribir no se podía hacer nada. Parecióles bien lo que yo decía, aunque lo gruñeron un rato entre los dos. Mi madre tornó a ocuparse de ensartar las muelas y mi padre fue a rapar a uno —así lo dijo él—, no sé si la barba o la bolsa; yo me quedé solo, dando gracias a Dios que me hizo hijo de padres tan hábiles y celosos de mi bien.

CAPITULO II

DE COMO FUI A LA ESCUELA Y LO QUE EN ELLA ME SUCEDIO

Al otro día ya estaba comprada cartilla y hablado al maestro. Fui, señor, a la escuela; recibióme muy alegre, diciendo que tenía cara de hombre agudo y de buen entendimiento. Yo con esto, por no desmentirle, di muy bien la lección aquella mañana. Sentábame el maestro junto a sí; ganaba la palmatoria los más días por venir antes, e íbame el postrero por hacer algunos recaudos de «señora», que así llamábamos a la mujer del maestro. Teníalos a todos, con semejantes caricias, obligados. Favoreciéronme demasiado, y con esto creció la envidia entre los demás niños.

Llegábame de todos a los hijos de caballeros, y particularmente a un hijo de don Alonso Coronel de Zúñiga, con el cual juntaba meriendas. Ibame a su casa los días de fiesta y acompañábale cada día. Los otros, o que porque no les hablaba, o que porque les parecía demasiado punto el mío, siempre andaban poniéndome nombres tocantes al oficio de mi padre. Unos me llamaban don Navaja, otros me llamaban don Ventosa; cuál decía, por disculpar la envidia, que me quería mal porque mi madre le había chupado[1] dos hermanitas pequeñas, de noche; otro decía que a mi padre le habían llevado a su casa para que la limpiase de ratones, por llamarle gato;[2] otros me decían *zape*

1. «La sangre.»
2. «Ladrón.»

cuando pasaba, y otros *miz*; cuál decía: «Yo le tiré dos berenjenas a su madre cuando fue obispa.»[1] Al fin, con todo cuanto andaban royéndome los zancajos, nunca me faltaron, gloria a Dios; y aunque yo me corría, disimulábalo.

Todo lo sufría, hasta que un día un muchacho se atrevió a decirme a voces hijo de una p... y hechicera; lo cual, como lo dijo tan claro —que aun si lo dijera turbio no me pesara—, agarré una piedra y escalabréle. Fuime a mi madre corriendo, que me escondiese, y contéla el caso todo. A lo cual me dijo: «Muy bien hiciste; bien muestras quién eres; sólo anduviste errado en no preguntarle quién se lo dijo.» Cuando yo oí esto, como siempre tuve altos pensamientos, volvíme a ella y dije: «¡Ah, madre! Pésame sólo de que algunos de los que allí se hallaron me dijeron no tenía que ofenderme por ello, y no les pregunté si era por la poca edad del que lo había dicho.» Roguéle que me declarase si pudiera haberle desmentido con verdad, o que me dijese si me había concebido a escote entre muchos, o si era hijo de mi padre. Rióse, y dijo: «¡Ah, noramaza![2] ¿Eso sabes decir? No serás bobo; gracias tienes; muy bien hiciste en quebrarle la cabeza; que esas cosas, aunque sean verdad, no se han de decir.» Yo con esto quedé como muerto, determinado de coger lo que pudiese en breves días y salirme de casa de mi padre: tanto pudo conmigo la vergüenza. Disimulé; fue mi padre, curó al muchacho, apaciguólo y volvióme a la escuela, adonde el maestro me recibió con ira; hasta que, oyendo la causa de la riña, se le aplacó el enojo, considerando la razón que había tenido.

En todo esto, siempre me visitaba el hijo de don Alonso de Zúñiga, que se llamaba don Diego, porque me quería bien naturalmente; que yo trocaba con él los peones, si eran mejores los míos; dábale de lo que almorzaba, y no le pedía de lo que él comía; comprábale estampas, enseñábale a luchar, jugaba con él al toro y entreteníale siempre. Así que, los más días, sus padres del caballerito, viendo cuánto le regocijaba mi compañía, rogaban a los míos que me dejasen con él a comer, cenar y aun dormir los más días.

1. El condenado por la Inquisición semejaba a un obispo sin mitra.
2. «Noramala.»

Sucedió, pues, uno de los primeros que hubo escuela por Navidad, que viniendo por la calle un hombre, que se llamaba Poncio de Aguirre —el cual tenía fama de confeso[1]—, que el don Dieguito me dijo: «Hola, llámale Poncio Pilato, y he[2] a correr.» Yo, por darle gusto a mi amigo, llaméle Poncio Pilato. Corrióse tanto el hombre, que dio a correr tras mí con un cuchillo desnudo para matarme; de suerte que fue forzoso meterme huyendo en casa de mi maestro, dando gritos. Entró el hombre tras mí, y defendióme el maestro, asegurando[3] que no me matase, asegurándole de castigarme. Y así luego, aunque la señora le rogó por mí, movida de lo que la servía, no aprovechó: mandóme desatacar,[4] y azotándome, decía tras cada azote: «¿Diréis más Poncio Pilato?» Yo respondía: «No, señor»; y respondílo dos veces a otros tantos azotes que me dio. Quedé tan escarmentado de decir Poncio Pilato, y con tal miedo, que, mandándome el día siguiente decir, como solía, las oraciones a los otros, llegando al Credo —advierta vuesa merced la inocente malicia—, al tiempo de decir: «Padeció so el poder de Poncio Pilato», acordándome que no debía de decir más Pilato, dije: «Padeció so el poder de Poncio de Aguirre.» Diole al maestro tanta risa de oír mi simplicidad y de ver el miedo que le había tenido, que me abrazó y me dio una firma en que me perdonaba de azotes las dos primeras veces que los mereciese. Con esto fui yo muy contento.

Llegó —por no enfadar— el tiempo de las Carnestolendas, y trazando el maestro de que se holgasen sus muchachos, ordenó que hubiese rey de gallos.[5] Echamos suerte entre doce señalados por él, y cúpome a mí. Avisé a mis padres que me buscasen galas. Llegó el día y salí en un caballo hético y mustio; el cual, más de manco que de bien

1. «Judío convertido.»
2. «Echa a correr.»
3. Librándome.
4. «Desatar los pantalones.»
5. «Divertimiento de Carnestolendas que se ejecuta ordinariamente enterrando un gallo, dejando solamente fuera la cabeza y pescuezo; y vendándole a uno los ojos, parte desde alguna distancia a buscarle con la espada en la mano.»

criado, iba haciendo reverencias. Las ancas eran de mona, muy sin cola; el pescuezo, de camello, y más largo; la cara no tenía sino un ojo, aunque overo. Echábansele de ver las penitencias, ayunos y fullerías del que le tenía a cargo en el ganarle la ración. Yendo, pues, en él, dando vuelcos a un lado y otro, como fariseo en paso, y los demás niños todos aderezados tras mí, pasamos por la plaza —aun de acordarme tengo miedo— y, llegando cerca de las mesas de las verdureras —Dios nos libre—, agarró mi caballo un repollo a una, y ni fue visto ni oído cuando los despachó a las tripas, a las cuales, como iba rodando por el gaznate, no llegó en mucho tiempo. La bercera, que siempre son desvergonzadas, empezó a dar voces. Llegáronse otras, y con ellas pícaros; y alzando zanahorias garrofales,[1] nabos frisones, berenjenas y otras legumbres, empiezan a dar tras el pobre rey. Yo, viendo que era batalla nabal, y que no se había de hacer a caballo, quise apearme; mas tal golpe me le dieron al caballo en la cara, que, yendo a empinarse, cayó conmigo —hablando con perdón— en una privada;[2] púsome cual v. m. puede imaginar. Ya mis muchachos se habían armado de piedras, y daban tras las verdureras, y descalabraron dos. Yo, a todo esto, después que caía en la privada, era la persona más necesaria de la riña. Vino la justicia, prendió a berceras y muchachos, mirando a todos qué armas tenían y quitándoselas —porque habían sacado algunos dagas de las que traían por gala, y otros, espadas pequeñas—. Llegó a mí, y viendo que no tenía ninguna, porque me las habían quitado y metídolas en una casa a secar con la capa y sombrero, pidióme, como digo, las armas; al cual respondí, todo sucio, que, sino eran ofensivas contra las narices, que yo no tenía otras. Y de paso quiero confesar a v. m. que cuando me empezaron a tirar las berenjenas, nabos, etcétera, que, como llevaba plumas en el sombrero, entendí que me habían tenido por mi madre, y que la tiraban, como habían hecho otras veces. Y así, como necio y muchacho, empecé a decir: «Hermanas, aunque llevo plumas, no soy Aldonza Saturno de Rebollo, mi

1. «Garrafal.»
2. «Letrina.»

madre»; como si ellas no lo echaran de ver por el talle y rostro. El miedo me disculpa la ignorancia y el sucederme la desgracia tan de repente. Pero, volviendo al alguacil, quiso llevarme a la cárcel, y no me llevó porque no hallaba por dónde asirme, tal me había puesto del lodo. Unos se fueron por una parte y otros por otra, y yo me vine a mi casa desde la plaza, martirizando cuantas narices topaba en el camino. Entré en ella, conté a mis padres el suceso, y corriéronse tanto de verme de la manera que venía, que me quisieron maltratar. Yo echaba la culpa a las dos leguas de rocín exprimido que me dieron. Procuraba satisfacerlos, y viendo que no bastaba, salíme de su casa y fuime a ver a mi amigo don Diego, al cual hallé en la suya descalabrado y a sus padres resueltos por ello de no enviarle más a la escuela. Allí tuve nuevas de cómo mi rocín, viéndose en aprieto, se esforzó a tirar dos coces, y de puro flaco se desgajaron las ancas y se quedó en el lodo bien cerca de acabar. Viéndome, pues, con una fiesta revuelta, un pueblo escandalizado, los padres corridos, mi amigo descalabrado y el caballo muerto, determiné de no volver más a la escuela ni a casa de mis padres, sino de quedarme a servir a don Diego, o, por decir mejor, en su compañía, y esto con gran gusto de sus padres, por el que daba mi amistad al niño. Escribí a mi casa que yo no había menester ir más a la escuela, porque, aunque no sabía bien escribir, para mi intento de ser caballero lo que se requería era escribir mal; y así, desde luego renunciaba la escuela por no darle gasto, y su casa para ahorrarlos de pesadumbre. Avisé de dónde y cómo quedaba, y que hasta que me diesen licencia no los vería.

CAPITULO III

DE COMO FUI A UN PUPILAJE POR CRIADO DE DON DIEGO CORONEL

Determinó, pues, don Alonso de poner a su hijo en pupilaje; lo uno, por apartarle de su regalo, y lo otro, por ahorrar de cuidado. Supo que había en Segovia un licenciado Cabra, que tenía por oficio de criar hijos de caballeros, y envió allá el suyo, y a mí para que le acompañase y sirviese. Entramos primer domingo después de Cuaresma en poder de la hambre viva, porque tal laceria no admite encarecimiento. El era un clérigo cerbatana, largo sólo en el talle, una cabeza pequeña, pelo bermejo.[1] No hay más que decir para quien sabe el refrán que dice, ni gato ni perro de aquella color. Los ojos, avecinados en el cogote, que parecía que miraba por cuévanos; tan hundidos y obscuros, que era buen sitio el suyo para tiendas de mercaderes; la nariz, entre Roma y Francia, porque se le había comido de unas búas de resfriado, que aun no fueron de vicio, porque cuestan dinero; las barbas, descoloridas de miedo de la boca vecina, que, de pura hambre, parecía que amenazaba a comérselas; los dientes, le faltaban no sé cuántos, y pienso que por holgazanes y vagamundos se los habían desterrado; el gaznate, largo como avestruz, con una nuez tan salida, que parecía se iba a buscar de comer, forzada de la necesidad; los brazos, secos; las manos, como un manojo de sarmiento cada una. Mirado de medio abajo, pa-

1. Mal agüero.

recía tenedor, o compás con dos piernas largas y flacas; su andar, muy despacio; si se descomponía algo, le sonaban los huesos como tablillas de San Lázaro; la habla, hética; la barba, grande, por nunca se la cortar por no gastar; y él decía que era tanto el asco que le daba ver las manos del barbero por su cara, que antes se dejaría matar que tal permitiese; cortábale los cabellos un muchacho de los otros. Traía un bonete los días de sol, ratonado, con mil gateras y guarniciones de grasa; era de cosa que fue paño, con los fondos de caspa. La sotana, según decían algunos, era milagrosa, porque no se sabía de qué color era. Unos, viéndola tan sin pelo, la tenían por de cuero de rana; otros decían que era ilusión; desde cerca parecía negra, y desde lejos, entre azul; llevábala sin ceñidor; no traía cuello ni puños; parecía, con los cabellos largos y la sotana mísera y corta, lacayuelo de la muerte. Cada zapato podía ser tumba de un filisteo. Pues ¿su aposento? Aun arañas no había en él; conjuraba los ratones, de miedo que no le royesen algunos mendrugos que guardaba; la cama tenía en el suelo, y dormía siempre de un lado, por no gastar las sábanas; al fin, era archipobre y protomiseria.

A poder, pues, de éste vine, y en su poder estuve con don Diego, y la noche que llegamos nos señaló nuestro aposento y nos hizo una plática corta, que por no gastar tiempo no duró más. Díjonos lo que habíamos de hacer; estuvimos ocupados en esto hasta la hora de comer; fuimos allá; comían los amos primero, y servíamos los criados. El refitorio era un aposento como un medio celemín; sustentábanse a una mesa hasta cinco caballeros. Yo miré primero por los gatos, y como no los vi, pregunté que cómo no los había a un criado antiguo; el cual, de flaco, estaba ya con la marca del pupilaje. Comenzó a enternecerse, y dijo: «¿Cómo gatos? Pues ¿quién os ha dicho a vos que los gatos son amigos de ayunos y penitencias? En lo gordo se os echa de ver que sois nuevo.» Y con esto me comencé a afligir, y más me asusté cuando advertí que todos los que de antes vivían en el pupilaje estaban como leznas, con unas caras que parecían se afeitaban con diaquilón. Sentóse el licenciado Cabra, y echó la bendición; comieron una comida eterna, sin principio ni fin; trajeron caldo en unas escudillas de madera, tan claro, que en comer una de ellas peligraba Narciso más que en la fuente. Noté con la ansia que los macilentos dedos se echaban a nado tras un garbanzo huérfano y solo que estaba en el suelo.[1] Decía Cabra a cada sorbo: «Cierto que no hay tal cosa como la olla, digan lo que dijeren; todo lo demás es vicio y gula.» Acabando de decirlo echóse su escudilla a pechos, diciendo: «Todo esto es salud y otro tanto ingenio.» «¡Mal ingenio te acabe!», decía yo entre mí cuando vi un mozo medio espíritu y tan flaco, con un plato de carne en las manos, que parecía la había quitado de sí mismo. Venía un nabo aventurero a vueltas, y dijo el maestro: «¿Nabos hay? No hay para mí perdiz que se le iguale; coman, que me huelgo de verlos comer.» Repartió a cada uno tan poco carnero, que en lo que se les pegó a las uñas y se les quedó entre los dientes, pienso que se consumió todo, dejando descomulgadas las tripas de participantes. Cabra los miraba y decía: «Coman, que mozos son y me huelgo de ver sus buenas ganas.» Mire v. m. qué buen aliño para los que bostezaban de hambre.

Acabaron de comer y quedaron unos mendrugos en la mesa y en el plato unos pellejos y unos huesos; y dijo el pupilero: «Quede esto para los criados, que también han de comer; no lo queramos todo.» «¡Mal te haga Dios y lo que has comido, lacerado —decía yo—, que tal amenaza has hecho a mis tripas!» Echó la bendición y dijo: «Ea, demos lugar a los criados, y váyanse hasta las dos a hacer ejercicio, no les haga mal lo que han comido.» Entonces yo no pude tener la risa, abriendo toda la boca. Enojóse mucho, y díjome que aprendiese modestia, y tres o cuatro sentencias viejas, y fuese. Sentámonos nosotros, y yo, que vi el negocio malparado y que mis tripas pedían justicia, como más sano y más fuerte que los otros, arremetí al plato, como arremetieron todos, y emboquéme de tres mendrugos los dos y el un pellejo. Comenzaron los otros a gruñir; al ruido entró Cabra diciendo: «Coman como hermanos, pues Dios les da con qué; no riñan, que para todos hay.» Volvióse al sol, y dejónos solos. Certifico a v. m. que había uno de ellos, que se llamaba Surre, vizcaíno, tan olvidado ya de

1. «Fondo de la escudilla.»

cómo y por dónde se comía, que una cortecilla que le cupo la llevó dos veces a los ojos, y entre tres no la acertaba a encaminar de las manos a la boca. Y pedí yo de beber, que los otros, por estar casi ayunos, no lo hacían y diéronme un vaso con agua; y no le hube bien llegado a la boca cuando, como si fuera lavatorio de comunión, me lo quitó el mozo espiritado que dije. Levantéme con grande dolor de mi ánima, viendo que estaba en casa donde se brindaba a las tripas y no hacían la razón.[1] Diome gana de descomer, aunque no había comido; digo, de proveerme, y pregunté por las necesarias a un antiguo, y díjome: «No lo sé; en esta casa no las hay; para una vez que os proveeréis mientras aquí estuviéredes, dondequiera podéis, que aquí estoy dos meses ha y no he hecho tal cosa sino el día que entré, como vos agora, de lo que cené en mi casa la noche antes.» ¿Cómo encareceré yo mi tristeza y pena? Fue tanta, que considerando lo poco que había de entrar en mi cuerpo, no osé, aunque tenía gana, echar nada de él.

Entretuvímonos hasta la noche. Decíame don Diego que qué haría él para persuadir a las tripas que habían comido, porque no lo querían creer. Andaban vaguidos en aquella casa, como en otras ahitos. Llegó la hora del cenar —pasóse la merienda en blanco—; cenamos mucho menos, y no carnero, sino un poco del nombre del maestro: cabra asada. Mire vuesa merced si inventara el diablo tal cosa. «Es cosa muy saludable y provechosa —decía— cenar poco para tener el estómago desocupado», y citaba una retahíla de médicos infernales. Decía alabanzas de la dieta, y que ahorraba un hombre sueños pesados, sabiendo que en su casa no se podía soñar otra cosa sino que comían. Cenaron, y cenamos todos, y no cenó ninguno. Fuimos a acostar, y en toda la noche yo ni don Diego pudimos dormir; él trazando de quejarse a su padre y pedir que le sacase de allí, y yo aconsejándole que lo hiciese, aunque últimamente le dije: «Señor, ¿sabéis de cierto si estamos vivos? Porque yo imagino que en la pendencia de las berceras nos mataron, y que somos ánimas que estamos en el purgatorio; y así, es por demás decir que nos saque vuestro padre si alguno no nos

1. Corresponder a un brindis con otro.

reza en alguna cuenta de perdones y nos saca de penas con alguna misa en altar privilegiado.»

Entre estas pláticas y un poco que dormimos se llegó la hora del levantar; dieron las seis, y llamó Cabra a lección; fuimos y oímosla todos. Ya mis espaldas e ijadas nadaban en el jubón, y las piernas daban lugar a otras siete calzas; los dientes sacaban con tobas,[1] amarillos, vestidos de desesperación. Mandáronme leer el primer nominativo a los otros, y era de manera mi hambre, que me desayuné con la mitad de las razones, comiéndomelas. Y todo esto creerá quien supiere lo que me contó el mozo de Cabra, diciendo que él ha visto meter en casa, recién venido, dos frisones[2] y que a dos días salieron caballos ligeros, que volaban por los aires; y que vio meter mastines pesados, y a tres horas salir galgos corredores; y que una Cuaresma topó muchos hombres, unos metiendo los pies, otros las manos, otros todo el cuerpo, en el portal de su casa, esto por muy gran rato, y mucha gente que venía a sólo aquello de fuera; y preguntando un día que qué sería, porque Cabra se enojó de que se lo preguntase, respondió que los unos tenían sarna y los otros sabañones, y que en metiéndolos en aquella casa morían de hambre, de manera que no comían de allí adelante. Certificóme que era verdad. Yo, que conocí la casa, lo creo; dígolo porque no parezca encarecimiento lo que dije. Y volviendo a la lección, diola y decorámosla.[3] Y proseguí siempre en aquel modo de vivir que he contado.

Sólo añadió a la comida tocino a la olla, por no sé qué que le dijeron un día de hidalguía[4] allá fuera. Y así, tenía una caja de hierro, toda agujereada como salvadera; abríala y metía un pedazo de tocino en ella, que la llenase, y tornábala a cerrar; y metíala colgando de un cordel en la olla para que la diese algún zumo por los agujeros, y quedase para otro día el tocino. Parecióle después que en esto se gastaba mucho, y dio en sólo asomar el tocino en la olla.

Pasábamoslo con estas cosas como se puede imaginar.

1. «Suciedad de los dientes.»

2. «Caballos que vienen de Frisia o son de aquella casta, los cuales tienen muy fuertes y anchos los pies.» *(Dicc. Acad.)*

3. «Recitamos a coro.»

4. «Los judíos conversos guardaban la aversión al cerdo.»

Don Diego y yo nos vimos tan al cabo, que ya que para comer no hallábamos remedio, pasado un mes, le buscamos para no levantarnos de mañana; y así trazábamos de decir que teníamos algún mal. Pero no dijimos calentura, porque, no la teniendo, era fácil de conocer el enredo; dolor de cabeza o muelas era poco estorbo; dijimos, al fin, que nos dolían las tripas, y estábamos malos de achaque de no haber hecho de nuestras personas en tres días, fiados en que, a trueque de no gastar los cuartos, no buscaría remedio. Ordenólo el diablo de otra suerte, porque tenía una receta que había heredado de su padre, que fue boticario. Supo el mal, y aderezó una melecina; y llamando a una vieja de setenta años, tía suya, que le servía de enfermera, dijo que nos echase sendas gaitas. Empezaron por don Diego; el desventurado atajóse, y la vieja, en vez de echársela dentro, disparósela por entre la camisa y el espinazo, y diole con ella en el cogote; y vino a servir por defuera guarnición la que dentro había de ser aforro. Quedó el mozo dando gritos; vino Cabra, y viéndolo, dijo que me echasen a mí la otra, que luego tornarían a don Diego. Yo me resistía, pero me valió poco, porque, teniéndome Cabra y otros, me la echó la vieja, a la cual de retorno di con ella en toda la cara. Enojóse Cabra conmigo, y dijo que él me echaría de su casa, que bien se echaba de ver que era bellaquería todo; mas no lo quiso mi ventura. Quejámonos nosotros a don Alonso, y el Cabra le hacía creer que lo hacíamos por no asistir al estudio.

Con esto no nos valían plegarias. Metió en casa la vieja por ama para que guisase y sirviese a los pupilos, y despidió al criado porque le halló un viernes a la mañana con unas migajas de pan en la ropilla. Lo que pasamos con la vieja, Dios lo sabe; era tan sorda, que no oía nada; entendía por señas; ciega y tan gran rezadera, que un día se le desensartó el rosario sobre la olla y nos la trujo con el caldo más devoto que jamás comí. Unos decían: «¿Garbanzos negros? Sin duda son de Etiopía.» Otros decían: «¿Garbanzos con luto? ¿Quién se les habrá muerto?» Mi amo fue el que se encajó una cuenta, y al masticarla se quebró un diente. Los viernes nos solía enviar unos huevos con tantas barbas a fuerza de pelos y canas suyas, que podían pretender corregimiento o abogacía. Pues meter el badil por el cucharón, enviar una escudilla de caldo empedrada, era ordinario. Mil veces topé yo sabandijas, palos y estopa de la que hilaba, en la olla, y todo lo metía para que hiciese presencia en las tripas y abultase.

Pasamos este trabajo hasta la Cuaresma que vino, y a la entrada de ella estuvo malo un compañero. Cabra, por no gastar, detuvo el llamar el médico hasta que ya él pedía confesión más que otra cosa. Llamó entonces un platicante, el cual le tomó el pulso y dijo que la hambre le había ganado por la mano el matar a aquel hombre. Diéronle el Sacramento, y el pobre, cuando lo vio —que había un día que no hablaba—, dijo: «Señor mío Jesucristo, necesario ha sido el veros entrar en esta casa para persuadirme que no es el infierno.» Imprimiéronsele estas razones en el corazón; murió el pobre mozo; enterrámosle muy pobremente, por ser forastero, y quedamos todos asombrados. Divulgóse por el pueblo el caso atroz; llegó a oídos de don Alonso Coronel, y como no tenía otro hijo, desengañóse de las crueldades de Cabra, y comenzó a dar más crédito a las razones de dos sombras, que ya estábamos reducidos a tan miserable estado. Vino a sacarnos del pupilaje, y teniéndonos delante, nos preguntaba por nosotros. Y tales nos vio, que, sin aguardar más, trató muy mal de palabras al licenciado Vigilia. Nos mandó llevar en dos sillas a casa; despedímonos de los compañeros, que nos seguían con los deseos y con los ojos, haciendo las lástimas que hace el que queda en Argel viendo venir rescatados sus compañeros.

CAPITULO IV

DE LA CONVALECENCIA E IDA A ESTUDIAR A ALCALA DE HENARES

Estamos en casa de don Alonso, y echáronnos en dos camas con mucho tiento, porque no se nos desparramasen los huesos de puro roídos del hambre. Trujeron exploradores que nos buscasen los ojos por toda la cara, y a mí, como había sido mi trabajo mayor y la hambre imperial —al fin me trataban como a criado—, en buen rato no me los hallaron. Trajeron médicos, y mandaron que nos limpiasen con zorros el polvo de las bocas, como a retablos, y bien lo éramos de duelos.[1] Ordenaron que nos dieran substancias y pistos. ¿Quién podrá contar, a la primera almendra y a la primera ave, las luminarias que pusieron las tripas de contento? Todo les hacía novedad. Mandaron los doctores que por nueve días no hablase nadie recio en nuestro aposento, porque, como estaban huecos los estómagos, sonaba en ellos el eco de cualquier palabra. Con estas y otras prevenciones comenzamos a volver y a cobrar algún aliento; pero nunca podían las quijadas desdoblarse, que estaban magras y alforzadas; y así se dio orden que cada día nos la ahormasen con la mano de un almirez. Levantámonos a hacer pinicos dentro de cuarenta días, y aún parecíamos sombras de otros hombres: y en lo amarillo y flaco, simiente de los padres del yermo. Todo el día gastábamos en

1. «Al que tiene muchos trabajos suelen decir que es un retablo de duelos.» Covarrubias.

dar gracias a Dios por habernos rescatado de la captividad del fierísimo Cabra, y rogábamos al Señor que ningún cristiano cayese en sus manos crueles. Si acaso comiendo alguna vez nos acordábamos de las mesas del mal pupilero, se nos aumentaba la hambre, tanto, que acrecentábamos la costa aquel día. Solíamos contar a don Alonso cómo al sentarse a la mesa nos decía males de la gula, no habiéndola él conocido en su vida; y reíase mucho cuando le contábamos que en el mandamiento del *No matarás* metía perdices y capones y todas las cosas que no quería darnos; y, por el consiguiente, la hambre, pues parecía que tenía por pecado, no sólo el matarla, sino el herirla, según recataba el comer.

Pasáronsenos tres meses en esto, y al cabo trató don Alonso de enviar a su hijo a Alcalá a estudiar lo que le faltaba de la gramática. Díjome a mí si quería ir, y yo, que no deseaba otra cosa sino salir de tierra donde se oyese el nombre de aquel malvado perseguir de estómagos, ofrecí de servir a su hijo como vería. Y con esto diole un criado para mayordomo que le gobernase la casa y le tuviese cuenta del dinero del gasto, que nos daba remitido en cédulas para un hombre que se llamaba Julián Merluza. Pusimos el hato en el carro de un Diego Monje; era una media camita y otra de cordeles con ruedas, para meterla debajo de la otra mía y del mayordomo, que se llamaba Aranda; cinco colchones y ocho sábanas, ocho almohadas, cuatro tapices, un cofre con topa blanca y las demás zarandajas de casa. Nosotros nos metimos en el coche, salimos a la tardecita antes de anochecer una hora, y llegamos a la medianoche a la siempre maldita venta de Viveros. El ventero era morisco y ladrón, que en mi vida vi perro y gato juntos con la paz que aquel día; hízonos gran fiesta, y como él y los ministros del carretero iban horros —que ya habían llegado también con el hato antes, que nosotros veníamos de espacio—, pegóse al coche, diome a mí la mano para salir del estribo, y díjome, si iba a estudiar. Yo le respondí que sí. Metióme adentro, donde estaban dos rufianes con unas mujercillas, un cura rezando al olor, un viejo mercader y avariento procurando olvidarse de cenar y dos estudiantes fregones, de los de mantellina, buscando trazas para engullir.

Mi amo, pues, como más nuevo en la venta, y muchacho, dijo: «Señor huésped, déme lo que hubiere para mí y los criados.» «Todos lo somos de v. m. —dijeron al punto los rufianes— y le hemos de servir. Hola, huésped, mira que este caballero os agradecerá lo que hiciéredes; vaciar la despensa.» Y diciendo esto llegóse uno, y quitóle la capa, diciendo: «Descanse v. m., mi señor», y púsola en un poyo. Estaba yo con esto desvanecido y hecho dueño de la venta. Dijo una de las ninfas: «¡Qué buen talle de caballero! ¿Y va a estudiar? ¿Es v. m. su criado?» Yo respondí —creyendo que era así como lo decían— que yo y los otros lo éramos. Preguntáronme su nombre, y no bien lo dije, cuando el uno de los estudiantes se llegó a él medio llorando y, dándole un abrazo apretadísimo, dijo: «¡Oh mi señor don Diego! ¡Quién me dijera a mí, ahora diez años, que había de ver yo a v. m. de esta manera! Desdichado de mí, que estoy tal que no me conocerá v. m.!» El se quedó admirado y yo también, que juramos entrambos no haberle visto en nuestra vida. El otro compañero andaba mirando a don Diego a la cara, y dijo a su amigo: «¿Es este señor de cuyo padre me dijistes vos tantas cosas? ¡Gran dicha ha sido nuestra encontrarle y conocerle, según está de grande! Dios le guarde»; y empezó a santiguarse. ¿Quién no creyera que se habían criado con nosotros? Don Diego se le ofreció mucho, y preguntándole su nombre, salió el ventero y puso los manteles, y oliendo la estafa dijo: «Dejen eso, que después de cenar se hablará, que se enfría.» Llegó un rufián y puso asientos para todos y una silla para don Diego, y el otro trujo un plato. Los estudiantes dijeron: «Cene v. m., que entretanto que a nosotros nos aderezan lo que hubiere, le serviremos a la mesa.» «¡Jesús —dijo don Diego—, vs. ms. se asienten si son servidos», y a esto respondieron los rufianes —no hablando con ellos—: «Luego, mi señor, que aún no está todo a punto.» Yo cuando vi a los convidados y a los otros que se convidaban, afligíme y temí lo que sucedió, porque los estudiantes tomaron la ensalada, que era un razonable plato, y, mirando a mi amo, dijeron: «No es razón que donde está un caballero tan principal se queden estas damas por comer; mande v. m. que alcancen un bocado.» El, haciendo de galán, convidólas; sentáronse entre los dos estudiantes y ella no dejaron sino un cogollo en cuatro bocados, el cual se comió don Diego, y al dársele aquel maldito estudiante, le dijo: «Un abuelo tuvo v. m., tío de mi padre, que en viendo lechugas se desmayaba. ¡Qué hombre tan cabal!» Y diciendo esto, sepultó un panecillo, y el otro, otro: pues las ninfas ya daban cuenta de un pan, y el que más comía era el cura con el mirar sólo. Sentáronse los rufianes con medio cabrito asado, dos lonjas de tocino y un par de palominos cocidos, y dijeron: «Pues, padre, ¿ahí se está? Llegue y alcance, que mi señor don Diego nos hace merced a todos.» No bien se lo dijeron cuando se sentó; ya cuando vio mi amo que todos se le habían encajado, comenzóse a afligir. Repartiéronlo todo, y al don Diego dieron no sé qué huesos y alones; lo demás engulleron el cura y los otros. Decían los rufianes: «No cene mucho, señor, que le hará mal», y replicaba el maldito estudiante: «Y más que es menester hacerse a comer poco para la vida de Alcalá.» Yo y el otro criado estábamos rogando a Dios que les pusiese un corazón que dejasen algo. Y ya que lo hubieron comido todo y que el cura repasaba los huesos de los otros, volvió el rufián, y dijo: «¡Oh pecador de mí! No habemos dejado nada a los criados. Vengan vs. ms. Ah, señor huésped, déles todo lo que hubiere; ve aquí un doblón.» Tan presto saltó el descomulgado pariente de mi amo —digo el escolar— y dijo: «Aunque vuesa merced me perdone, señor hidalgo, debe saber poco de cortesía. ¿Conoce por dicha a mi señor primo? El dará a sus criados, y aun a los nuestros si los tuviéramos, como nos ha dado a nosotros. No se enoje vuesa merced, que no le conocían.» Maldiciones le eché cuando vi tan grande disimulación, que no pensé acabar.

Levantaron las mesas y todos dijeron a don Diego que se acostase; él quería pagar la cena, y replicáronle que a la mañana habría lugar. Estuviéronse un rato parlando; preguntóle su nombre al estudiante, y él dijo que se llamaba don Tal Coronel. En malos infiernos arda el embustero en donde quiera que está. Vio al avariento que dormía, y dijo: «¿Vuesa merced quiere reír? Pues hagamos alguna burla a este viejo, que no ha comido sino un pero en todo el camino, y es riquísimo.» Los rufianes dijeron: «Bien haya el licenciado; hágalo, que es razón.» Con esto se llegó y sacó al pobre viejo, que dormía, de debajo de los pies unas alforjas, y desenvolviéndolas halló una caja, y como si fuese de guerra, hizo gente. Llegáronse todos, y abriéndola vio que era de alcorzas. Sacó todas cuantas había y en su lugar puso piedras, palos y lo que halló; luego se proveyó sobre lo dicho, y encima de la suciedad puso hasta una docena de yesones. Cerró la caja y dijo: «Pues aún no basta, que bota tiene.» Sacóla el vino, y desenfundando una almohada de nuestro coche, después de haber echado un poco vino debajo, se la llenó de lana y estopa, y la cerró. Con esto se fueron todos a acostar para una hora que quedaba o media, y el estudiante lo puso todo en las alforjas, y en la capilla del galán echó una gran piedra y fuese a dormir.

Llegó la hora de caminar, despertaron todos y el viejo todavía dormía. Llamáronle, y al levantarse no podía levantar la capilla del gabán: miró lo que era, y el mesonero adrede le riñó, diciendo: «Cuerpo de Dios, ¿no halló otra cosa que llevarse, padre, sino esta piedra? ¿Qué les parece a vs. ms. si yo no lo hubiera visto? Cosa es que estimo en más de cien ducados, porque es contra el dolor de estómago.» Juraba y perjuraba que no había metido él tal en la capilla.

Los rufianes hicieron la cuenta, y vino a montar sesenta reales, que no entendiera Juan de Leganés la suma. Decían los estudiantes: «Como hemos de servir a v. m. en Alcalá, quedamos ajustados en el gasto.» Almorzamos un bocado y el viejo tomó sus alforjas, y por que no viésemos lo que sacaba y no partir con nadie, desatólas a obscuras debajo el gabán, y agarrando un yesón untado, echóselo en la boca y fuele a hincar una muela y medio diente que tenía, y por poco los perdiera. Comenzó a escupir y hacer gestos de asco y de dolor. Llegamos todos y él, y el cura el primero, diciéndole qué tenía. Comenzóse a ofrecer a Satanás, dejó caer las alforjas, llegóse a él el estudiante, y dijo: «Arriedro vayas, Satán, cata la cruz.» Otro abrió un breviario, y hiciéronle creer que estaba endemoniado, hasta que él mismo dijo lo que era y pidió le dejasen enjuagar la boca con un poco de vino que él traía en la bota. Dejáronle, y sacándola abrióla, y abocando en un vasito un poco de vino, salió con lana y estopa un vino salvaje, tan barbado y velloso, que no se podía beber ni colar. Entonces acabó de perder la paciencia el viejo; pero viendo las descompuestas carcajadas de risa, tuvo por bien el callar y subir en el carro con los rufianes y mujeres. Los estudiantes y el cura se ensartaron en un borrico, y nosotros nos pusimos en el coche, y aún no bien había comenzado a caminar, cuando los unos y los otros nos comenzaron a dar vaya,[1] declarando la burla. El ventero decía: «Señor nuevo, a pocas estrenas como ésta envejecerá.» El cura decía: «Sacerdote soy; allá se lo dirán en misas», y el estudiante maldito voceaba: «Señor primo, otra vez rásquese cuando le coma y no después.» El otro decía: «Sarna dé a v. m., señor don Diego.» Nosotros dimos en no hacer caso. Dios sabe cuán corridos íbamos.

Con estas y otras cosas llegamos a la villa, apeámonos en un mesón, y en todo el día —que llegamos a las nueve— no acabamos de contar la cena pasada, y nunca pudimos sacar en limpio el gasto.

1. «Hacer burla.»

CAPITULO V

DE LA ENTRADA EN ALCALA, PATENTE Y BURLAS QUE ME HICIERON POR NUEVO

Antes que anocheciese salimos del mesón a la casa que nos tenían alquilada, que estaba fuera la puerta de Santiago, patio de estudiantes donde hay muchos juntos, aunque ésta teníamos entre tres moradores diferentes no más. Era el dueño y huésped de los que creen en Dios por cortesía o sobre falso; moriscos los llaman en el pueblo, que hay muy grande cosecha desta gente y de la que tiene sobradas narices y sólo les faltan para oler tocino; digo esto, confesando la mucha nobleza que hay entre la gente principal, que cierto es mucha. Recibióme, pues, el huésped con peor cara que si yo fuera el Santísimo Sacramento; ni sé si lo hizo porque le comenzásemos a tener respeto, o por ser natural suyo de ellos, que no es mucho tenga mala condición quien no tiene buena ley.[1] Pusimos nuestro hato, acomodamos las camas y lo demás, y dormimos aquella noche.

Amaneció, y helos aquí en camisa todos los estudiantes de la posada a pedir la patente[2] a mi amo. El, que no sabía lo que era, preguntóme que qué querían. Y yo, entretanto, por lo que podía suceder, me acomodé entre los colchones, y sola tenía la media cabeza fuera, que parecía tortuga. Pi-

1. «Religión.»

2. «La contribución que hacen pagar, por estilo, los más antiguos al que entra de nuevo en algún empleo u ocupación. Es como entre los estudiantes en las universidades...» *(Dicc. Aut.)*

dieron dos docenas de reales; diéronselos, y con tanto, comenzaron una grita del diablo, diciendo: «Viva el compañero y sea admitido en nuestra amistad; goce de las preeminencias de antiguo; pueda tener sarna, andar manchado y padecer la hambre que todos.» Y con esto —¡mire v. m. qué privilegios!— volaron por la escalera, y al momento nos vestimos nosotros y tomamos el camino para las escuelas. A mi amo apadrináronle unos colegiales conocidos de su padre, y entró en su general,[1] pero yo, que había de entrar en otro diferente y fui solo, comencé a temblar.

Entré en el patio, y no hube metido bien el pie cuando me encararon y empezaron a decir: «Nuevo!» Yo, por disimular, di en reír como que no hacía caso; mas no bastó, porque llegándose a mí ocho o nueve, comenzaron a reírse. Púseme colorado, ¡nunca Dios lo permitiera!, pues al instante se puso uno que estaba a mi lado sus manos en las narices, y apartándose dijo: «Por resucitar está este Lázaro, según hiede», y con esto todos se apartaron tapándose las narices. Yo que me pensé escapar, también me puse las manos y dije: «Vs. ms. tienen razón, que huele muy mal.» Dioles mucha risa, y apartándose, ya estaban juntos hasta ciento. Comenzaron a escarbar y tocar el arma; y en las toses y abrir y cerrar de las bocas vi que se me aparejaban gargajos. En esto un manchegazo acatarrado me hizo alarde de uno terrible, diciendo: «Esto hago.» Yo entonces, que me vi perdido, dije: «Juro a Dios que me la...» Iba a decirle, pero fue tal la batería y lluvia que cayó sobre mí, que no pude acabar la razón. Yo estaba cubierto el rostro con la capa, y tan blanco, que todos tiraban a mí, y era de ver, sin duda, cómo tomaban la puntería. Estaba ya nevado de pies a cabeza; pero un bellaco, viéndome cubierto y que no tenía en la cara cosa, arrancó hacia mí, diciendo con gran cólera: «Basta, no le matéis.» Yo, que, según me trataban, creí de ellos que lo harían, destapé por ver lo que era, y al mismo tiempo el que daba las voces me enclavó un gargajo entre los dos ojos. Aquí se han de considerar mis angustias; levantó la infernal gente una grita

1. «En Salamanca, las aulas se llaman generales, por ser comunes y admitirse a ellas todos los que quieran entrar a oír lecciones.» Covarrubias.

que me aturdieron, y yo, según lo que echaron sobre mí de sus estómagos, pensé que por ahorrar de médicos y boticas aguardaban nuevos para purgarse. Quisieron tras esto darme de pescozones; pero no había dónde, sin llevarse en las manos la mitad del afeite de mi negra capa, ya blanca por mis pecados. Dejáronme, e iba hecho aljofaina de viejo a pura saliva.

Fuime a casa, que apenas acerté a entrar en ella, y fue ventura el ser de mañana, porque sólo topé dos o tres muchachos, que debían ser bien inclinados, porque no me tiraron más que cuatro o seis trapazos, y luego se fueron. Entré en casa, y el morisco, que me vio, comenzó a reírse y hacer como que quería escupirme. Yo, que temí que lo hiciese, dije: «Tened, huésped, que no soy *Ecce Homo*.» Nunca lo dijera, porque me dio dos libras de porrazos sobre los hombros con las pesas que tenía. Con esta ayuda de costa, medio baldado, subí arriba, y en buscar por dónde asir la sotana y el manteo se pasó mucho rato; al fin le quité y me eché en la cama, y colguélo en una azotea.

Vino mi amo, y como me halló durmiendo y no sabía la asquerosa aventura, enojóse y comenzóme a dar repelones con tanta priesa, que a dos más me despierto calvo. Levantéme dando voces y quejándome, y con más cólera dijo: «¿Es buen modo de servir éste, Pablos? Ya es otra vida.» Yo, cuando oí decir otra vida, entendí que era ya muerto, y dije: «Bien me anima v. m. en mis trabajos; vea cuál está aquella sotana y manteo que ha servido de pañizuelos a las mayores narices que se han visto en paso de Semana Santa», y con esto empecé a llorar. El, viendo mi llanto, creyólo, y buscando la sotana y viéndola, compadecióse de mí, y dijo: «Pablos, abre el ojo, que asan carne; mira por ti, que aquí no tienes otro padre ni madre.» Contéle todo lo que había pasado, y mandóme desnudar y llevar a mi aposento, que era donde dormían cuatro criados de los huéspedes de casa. Acostéme y dormí, y con esto a la noche, después de haber comido y cenado bien, me hallé fuerte ya como si no hubiera pasado nada por mí.

Pero cuando comienzan desgracias en uno parece que nunca se han de acabar, que andan encadenadas y unas traen a otras. Viniéronse a acostar los otros criados, y saludándome todos, me preguntaron si estaba malo, y cómo estaba en la cama. Yo les conté el caso, y al punto, como si en ellos no hubiese mal ninguno, se empezaron a santiguar diciendo: «No se hiciera entre luteranos. ¿Hay tal maldad?» Otro decía: «El rector tiene la culpa en no poner remedio. ¿Conocerá los que eran?» Yo respondí que no, y agradecíles la merced que me mostraban hacer. Con esto se acabaron de desnudar, acostáronse, mataron la luz, y dormíme yo, que me parecía estaba con mi padre y mis hermanos.

Debían de ser las doce cuando el uno dellos me despertó a puros gritos, diciendo: «¡Ay, que me matan! ¡Ladrones!» Sonaban en su cama unas voces y golpes de látigo. Yo levanté la cabeza y dije: «¿Qué es eso?», y apenas me descubrí cuando con una maroma me asentaron un azote con hijos[1] en todas las espaldas. Comencé a quejarme; quíseme levantar; quejábase el otro también y dábanme a mí sólo. Yo comencé a decir: «¡Justicia de Dios!» Pero menudeaban tanto los azotes sobre mí, que ya no me quedó —por haberme tirado las frazadas[2] abajo— remedio sino el de meterme debajo de la cama. Hícelo así, y al punto los tres que dormían empezaron a dar gritos también; y como sonaban los azotes, yo creí que alguno de afuera nos daba a todos. Entretanto, aquel maldito que estaba junto a mí se me pasó a mi cama, y proveyó en ella, y cubrióla; y pasándose a la suya, cesaron los azotes y levantáronse con grandes gritos todos cuatro diciendo: «Es gran bellaquería, y no ha de pasar así.» Yo todavía me estaba debajo de la cama, quejándome como perro cogido entre puertas, tan encogido, que parecía un galgo con calambre. Hicieron los otros que cerraban la puerta, y yo entonces salí de donde estaba, y subíme a mi cama, preguntando si acaso les habían hecho mal; todos se quejaban de muerte.

Acostéme y cubríme y torné a dormir; y como entre sueños me revolcase, cuando desperté halléme sucio hasta las trenzas.[3] Levantáronse todos, y yo tomé por achaque los

1. «Los extremos de los grandes ramales de las disciplinas, retorcidos y más gruesos que aquéllos.» *(Dicc. Aut.)*

2. «Manta.»

3. «Dos cañas atravesadas en el tercio postrero de la colmena, las cuales sirven de señal que al castrarlas no se pase de allí. Cuando se ha metido en

azotes para no vestirme; no había diablos que me moviesen de un lado. Estaba confuso, considerando si acaso con el miedo y la turbación, sin sentirlo, había hecho aquella vileza, o si entre sueños; al fin, yo me hallaba inocente y culpado, y no sabía disculparme. Los compañeros se llegaron a mí, quejándose y muy disimulados, a preguntarme cómo estaba; y yo les dije que muy malo, porque me habían dado muchos azotes. Preguntábales yo qué podía haber sido, y ellos decían: «A fe que no se escape, que el matemático nos lo dirá. Pero, dejando esto, veamos si estáis herido, que os quejábades mucho»; y diciendo esto, fueron a levantar la ropa con deseo de afrentarme. En esto mi amo entró diciendo: «¿Es posible, Pablos, que no he de poder contigo? Son las ocho, ¿y estáste en la cama? Levántate en noramala.» Los otros, por asegurarme, contaron a don Diego el caso todo, y pidiéronle que me dejase dormir, y decía uno: «Y si v. m. no lo cree, levanta, amigo», y agarraba la ropa. Yo la tenía asida por los dientes por no mostrar la caca; y cuando ellos vieron que no había remedio por aquel camino, dijo uno: «¡Cuerpo de Dios, y cómo hiede!» Don Diego dijo lo mismo, porque era verdad; y luego tras él comenzaron todos a mirar si había en el aposento algún servicio; decían que no se podía estar allí. Dijo uno: «Pues es muy bueno esto para haber de estudiar.» Miraron las camas, y quitáronlas para ver debajo, y dijeron: «Sin duda debajo de la de Pablos hay algo; pasémosle a una de las nuestras, y miremos debajo de ella.» Yo, que veía poco remedio en el negocio y que me iban a echar la garra, fingí que me había dado mal de corazón; agarréme a los palos, e hice visajes. Ellos, que sabían el misterio, apretaron conmigo, diciendo: «¡Gran lástima!» Don Diego tomó el dedo de corazón, y al fin entre los cinco me levantaron; y al alzar las sábanas, fue tanta la risa de todos, viendo los recientes, no ya palominos, sino palomos grandes, que se hundía el aposento. «Pobre de él», decían los grandísimos bellacos; yo hacía el desmayado. «Tírele v. m. mucho dese dedo del corazón»; y mi amo, entendiendo hacerme

algún lodazal hasta darle en los pechos, solemos decir que entró él hasta las trenzas.» Covarrubias.

bien, tanto tiró que me le desconcertó. Los otros también trataron de darme un garrote en los muslos, y decían: «El pobrecito ahora, sin duda, se ensució cuando le dio el mal.» ¡Quién dirá lo que yo pensaba entre mí, lo uno con la vergüenza, descoyuntado un dedo y a peligro de que me diesen garrote! ¡Al fin, de miedo que me le diesen —que ya me tenían los cordeles en los muslos— hice que había vuelto; y por presto que lo hice, como los bellacos iban con malicia, ya me habían hecho dos dedos de señal en cada pierna. Dejáronme, diciendo: «¡Jesús, y qué flaco sois!» Yo lloraba de enojo, y ellos decían adrede: «Más va en vuestra salud que en el haberos ensuciado; callá», y con esto me pusieron en la cama después de haberme lavado y se fueron.

Yo no hacía a solas sino considerar cómo casi era más lo que había pasado en Alcalá en un día que todo lo que me sucedió con Cabra. A mediodía me vestí, limpié la sotana lo mejor que pude —lavándola como gualdrapa— y aguardé a mi amo, que, en llegando, me preguntó cómo estaba. Comieron todos los de casa y yo, aunque poco y de mala gana; y después, juntándonos todos a parlar en el corredor, los otros criados, después de darme vaya, declararon la burla. Riéronla todos; doblóseme mi afrenta, y dije entre sí: «Avisón, Pablos; alerta.» Propuse de hacer nueva vida. Y con esto, hechos amigos, vivimos de allí adelante todos los de la casa como hermanos, y en las escuelas y patios nadie me inquietó más.

CAPITULO VI

DE LAS CRUELDADES DEL AMA Y TRAVESURAS QUE YO HICE

Haz como vieres», dice un refrán, y dice bien. De puro considerar en él, vine a resolverme de ser bellaco con los bellacos, y más, si pudiese, que todos. No sé si salí con ello. Pero yo aseguro a v. m. que hice todas las diligencias posibles. Lo primero, yo puse pena de la vida a todos los cochinos que se entrasen en casa y a los pollos del ama que del corral pasasen a mi aposento. Sucedió que un día entraron dos puercos, del mejor garbo que vi en mi vida; yo estaba jugando con los otros criados y oílos gruñir, y dije a uno: «Vaya y vea quién gruñe en nuestra casa.» Fue y dijo que dos marranos. Yo, que lo oí, me enojé tanto, que salí allá diciendo que era mucha bellaquería y atrevimiento venir a gruñir a casas ajenas; y diciendo esto, envaséle a cada uno —a puerta cerrada— la espada por los pechos, y luego los acogotamos; y por que no se oyese el ruido que hacían, todos a la par dábamos grandísimos gritos como que cantábamos, y así expiraron en nuestras manos. Sacamos los vientres, recogimos la sangre, y a puros[1] jergones los medio chamuscamos en el corral; de suerte, que cuando vinieron los amos ya estaba hecho, aunque mal, si no eran los vientres, que no estaban acabadas de hacer las morcillas; y no por falta de prisa, que en verdad que por no detenernos las habíamos dejado la mitad de lo que ellas se

1. «A fuerza de.»

tenían dentro. Supo, pues, don Diego y el mayordomo el caso, y enojáronse conmigo de manera que obligaron a los huéspedes —que de risa no se podían valer— a volver por mí. Preguntábame don Diego qué había de decir si me acusaban y me prendía la justicia. A lo cual respondí que yo me llamaría a hambre, que es el sagrado de los estudiantes, y, si no me valiese diría: «Como se entraron sin llamar a la puerta como en su casa, entendí que eran nuestros.» Riéronse todos de las disculpas. Dijo don Diego: «A fe, Pablos, que os hacéis a las armas.» Era de notar ver a mi amo tan quieto y religioso, y a mí tan travieso, que el uno exageraba al otro, o la virtud o el vicio.

No cabía el amo de contento porque éramos los dos al mohíno; habíamonos conjurado contra la despensa. Yo era el despensero Judas, que desde entonces heredé no sé qué amor a la sisa en este oficio. La carne no guardaba en manos del ama la orden retórica, porque siempre iba de más a menos, y la vez que podía echar cabra u oveja, no echaba carnero, y si había huesos, no entraba cosa magra; y así, hacía unas ollas tísicas, de puro flacas; unos caldos que, a estar cuajados, se podían hacer sartas de cristal de ellos. Las dos Pascuas, por diferenciar, para que estuviese gorda la olla, solía echar unos cabos de velas de sebo. Ella decía —cuando yo estaba delante— a mi amo: «Por cierto que no hay servicio como el de Pablicos, si él no fuese travieso; consérvele v. m. que bien se le puede sufrir el ser travieso por la fidelidad; lo mejor de la plaza trae.» Yo, por el consiguiente, decía de ello lo mismo, y así teníamos engañada la casa.

Si se compraba aceite de por junto, carbón o tocino, escondíamos la mitad, y cuando nos parecía decíamos el ama y yo: «Modérense vs. ms. en el gasto, que en verdad y, si se dan tanta priesa, no baste la hacienda del rey. Ya se ha acabado el aceite o el carbón; pero tal priesa se han dado... Mande vuesa merced comprar más, y a fe que se ha de lucir de otra manera; denle dineros a Pablicos.» Dábanmelos, y vendíamos la mitad sisada, y de lo que comprábamos sisábamos la otra mitad; y esto era en todo.

Y si alguna vez compraba yo algo en la plaza, por lo que valía reñíamos adrede el ama y yo. Ella decía como enojada:

«No me digáis a mí, Pablicos, que éstos son dos cuartos de ensalada.» Yo hacía que lloraba, daba muchas voces, e íbame a quejar a mi señor, y apretábale para que enviase el mayordomo a saberlo para que callase el ama, que adrede porfiaba. Iba, y sabíalo; y con esto asegurábamos al amo y al mayordomo, y quedaban agradecidos en mí a las obras, y en el ama al celo de su bien. Decíale don Diego, muy satisfecho de mí: «Así fuese Pablicos aplicado a la virtud como es de fiar; toda ésta es la lealtad. ¿Qué me decís vos de él?»

Tuvímoslos desta manera chupándolos como sanguijuelas; yo apostaré que v. m. se espanta de la suma del dinero al cabo del año. Ello mucho debió de ser, pero no obligaba a restitución, porque el ama confesaba y comulgaba de ocho a ocho días, y nunca le vi rastro de imaginación de volver nada ni hacer escrúpulo, con ser, como digo, una santa. Traía un rosario al cuello siempre, tan grande, que era más barato llevar un haz de leña a cuestas. Dél colgaban muchos manojos de imágenes, cruces y cuentas de perdones. En todas decía que rezaba cada noche por sus bienhechores. Contaba ciento y tantos santos abogados suyos; y en verdad que había menester todas estas ayudas para desquitarse de lo que pecaba. Acostábase en un aposento encima del de mi amo, y rezaba más oraciones que un ciego. Entraba por el Justo Juez y acababa con el *Conquibules* —que ella decía— y en la *Salve rehila.* Decía las oraciones en latín adrede, por fingirse inocente; de suerte que nos despedazábamos de risa todos.

Tenía otras habilidades; era conqueridora de voluntades y corchete de gustos, que es lo mismo que alcahueta; pero disculpábase conmigo diciendo que le venía de casta, como al rey de Francia curar lamparones.

Pensará v. m. que siempre estuvimos en paz, pues ¿quién ignora que dos amigos, como sean codiciosos, si están juntos se han de procurar engañar el uno al otro? Sucedió que el ama criaba gallinas en el corral; yo tenía gana de comerla una. Tenía doce o trece pollos grandecitos, y un día, estando dándoles de comer, comenzó a decir: «Pío, pío», y esto muchas veces. Yo, que oí el modo de llamar, comencé a dar voces, y dije: «¡Oh cuerpo de Dios, ama!

¿No hubiérades muerto un hombre o hurtado moneda al rey, cosa que yo pudiera callar, y no haber hecho lo que habéis hecho, que es imposible dejarlo de decir? ¡Malaventurado de mí y de vos!» Ella, como vio hacer extremos con tantas veras, turbóse algún tanto, y dijo: «Pues, Pablos, ¿yo qué he hecho? Si te burlas, no me aflijas más.» «¿Cómo burlas? ¡Pesia tal! Yo no puedo dejar de dar parte a la Inquisición, porque si no, estaré descomulgado.» «¿Inquisición? —dijo ella, y empezó a temblar—. Pues, ¿yo he hecho algo contra la fe?» «Eso es lo peor —decía yo—. No os burléis con los inquisidores; decid que fuiste una boba y que os desdecís, y no neguéis la blasfemia y desacato.» Ella, con el miedo, dijo: «Pues, Pablos, y si me desdigo, ¿castigaránme?» Respondíle: «No, porque sólo os absolverán.» «Pues yo me desdigo —dijo—; pero dime tú, de qué, que no lo sé yo; así tengan buen siglo las ánimas de mis difuntos.» «¿Es posible que nos advertisteis en qué? No sé cómo lo diga, que el desacato es tal que me acobarda. ¿No os acordáis que dijisteis a los pollos "pío, pío" y es Pío nombre de los papas, vicarios de Dios y cabezas de la Iglesia? Papaos el pecadillo.» Ella quedó como muerta, y dijo: «Pablos, yo lo dije; pero no me perdone Dios si fue con malicia. Yo me desdigo; mira si hay camino para que se pueda excusar el acusarme, que me moriré si me veo en la Inquisición.» «Como vos juréis en una ara consagrada que no tuvisteis malicia, yo, asegurado, podré dejar de acusaros; pero será necesario que esos dos pollos que comieron llamándoles con el santísimo nombre de los pontífices me los deis para que yo los lleve a un familiar que los queme, porque están dañados; y tras esto habéis de jurar de no reincidir de ningún modo.» Ella, muy contenta, dijo: «Pues llévatelos, Pablos, ahora, que mañana juraré.» Yo, por más asegurarla, dije: «Lo peor es, Cipriana —que así se llamaba—, que yo voy a riesgo, porque me dirá el familiar si soy yo, y entretanto me podrá hacer vejación. Llevadlos vos, que yo, pardiez que temo.» «Pablos —decía cuando me oyó esto—, por amor de Dios, que te duelas de mí y los lleves, que a ti no te puede suceder nada.» Dejéla que me lo rogase mucho, y al fin —que era lo que quería— determinéme, tomé los pollos, escondílos en mi aposento, hice que iba fuera, y volví diciendo: «Mejor se ha hecho que yo pensaba; quería el familiarcito venir tras mí a ver la mujer, pero lindamente le he engañado y negociado.» Diome mil abrazos y otro pollo para mí, y yo fuime con él adonde había dejado sus compañeros, e hice hacer en casa de un pastelero una cazuela, y comímelos con los demás criados. Supo el ama y don Diego la maraña, y toda la casa la celebró en extremo. El ama llegó tan al cabo de pena, que por poco se muriera, y de enojo no estuvo a dos dedos —a no tener por qué callar— de decir mis sisas.

Yo, que me vi ya may con el ama y que no la podía burlar, busqué nuevas trazas de holgarme, y di en lo que llaman los estudiantes correr o rebatar.[1] En esto me sucedieron cosas graciosísimas; porque yendo una noche a las nueve —que ya anda poca gente— por la calle Mayor, vi una confitería y en ella un cofín[2] de pasas sobre el tablero; y tomando vuelo, vine, agarréle, di a correr; el confitero dio tras mí, y otros criados y vecinos. Yo, como iba cargado, vi que, aunque les llevaba ventaja, me habían de alcanzar, y al volver una esquina, sentéme sobre él y envolví la capa a la pierna de presto, y empecé a decir con la pierna en la mano: «¡Ah! Dios se lo perdone, que me ha pisado.» Oyéronme esto, y en llegando empecé a decir: «Por tan alta señora»,[3] y lo ordinario de la «hora menguada y aire corrupto». Ellos se venían desgañitando, y dijéronme: «¿Va por ahí un hombre, hermano?» «Ahí adelante, que aquí me pisó, loado sea el Señor.»

Arrancaron con esto y fuéronse; quedé solo, llevéme el cofín a casa, conté la burla y no quisieron creer que había sucedido así, aunque lo celebraron mucho; por lo cual los convidé para otra noche a verme correr cajas. Vinieron, y advirtieron ellos que estaban las cajas dentro la tienda y que no las podía tomar con la mano, tuviéronlo por imposible; y más por estar el confitero —por lo que le sucedió al otro

1. «Arrebatar.»

2. «Es un género de cesto o espuerta, tejido de esparto, en que suelen llevar higos y pasas a vender los moriscos; pero los cofines antiguos dicen eran de mimbres.» Covarrubias.

3. «La Virgen María.»

de las pasas— alerta. Vine, pues, y metiendo, doce pasos atrás de la tienda, mano a la espalda, que era un estoque recio, partí corriendo, y en llegando a la tienda, dije: «¡Muera!», y tiré una estocada por delante del confitero; él se dejó caer pidiendo confesión, y yo di la estocada a una caja; y la pasé y saqué en la espada, y me fui con ella. Quedáronse espantados de ver la traza y muertos de risa de que el confitero decía que le mirasen, que sin duda le habían herido, y que era un hombre con quien había tenido palabras; pero volviendo los ojos, como quedaron desbaratadas, al salir de la caja, las que estaban en derredor, echó de ver la burla, y empezó a santiguarse, que no pensó acabar. Confieso que nunca me supo cosa tan bien. Decían los compañeros que yo solo podía sustentar la casa con lo que corría, que es lo mismo que «hurtar» en nombre revesado.

Yo, como era muchacho y veía que me alababan el ingenio con que salía de estas aventuras, animábame para hacer otras más. Cada día traía la pretina llena de jarras de monjas, que les pedía para beber y me venía con ella; introduje que no diesen nada sin prenda primero.

Y así, prometí a don Diego y a todos los compañeros de quitar una noche todas las espadas a la misma ronda. Señalóse cuál había de ser, y fuimos juntos, yo delante; y en columbrando la justicia lleguéme con otro de los criados de casa muy alborotado, y dije: «¿Justicia?» Respondieron: «Sí.» «¿Es el corregidor?» Dijeron que sí. Hinquéme de rodillas y dije: «Señor, en sus manos de v. m. está mi remedio y mi venganza y mucho provecho de la república; mande vuesa merced oírme dos palabras a solas, si quiere una gran prisión.» Apartóse, y ya los corchetes estaban empuñando las espadas, y los alguaciles poniendo mano a las varetas, y díjele: «Señor, yo he venido de Sevilla siguiendo seis hombres los más facinerosos del mundo, todos ladrones y matadores de hombres; y entre ellos viene uno que mató a mi padre y a un hermano mío por robarlos, y le está probado esto, y vienen acompañando, según le he oído decir, a una espía francesa, y aun sospecho, por lo que les he oído, que es —y bajando más la voz dije— de Antonio Pérez.» Con esto el corregidor dio un salto hacia arriba y dijo: «¿Adónde están?» «Señor, en la casa pública; no se detenga v. m., que las ánimas de mi madre y hermanos se lo pagarán en oraciones, y el rey acá.» «¡Jesús! —dijo—. No nos detengamos; seguidme todos, dadme una rodela.» Yo le dije, tornándole a apartar: «Señor, perderse ha si v. m. hace eso; antes importa que todos entren sin espadas y uno a uno, que ellos están en los aposentos y traen pistoletes, y en viendo entrar con espadas, como no las puede traer sino la justicia, dispararán. Con dagas es mejor, y cogerlos por detrás de los brazos, que demasiados vamos.» Cuadróle al corregidor la traza con la codicia de la prisión. En esto llegamos cerca, y el corregidor, advertido, mandó que debajo de unas hierbas pusiesen todas las espadas escondidas en un campo que está frente casi de la casa: pusiéronlas y caminaron.

Yo, que había avisado al otro que ellos dejarlas y él tomarlas y pescarse a casa fuese todo uno, hízolo así. Y al entrar todos, quedéme atrás el postrero, y en entrando ellos mezclados con otra gente que iba, di cantonada,[1] y emboquéme por una callejuela que va a dar cerca la Victoria, que no me alcanzara un galgo. Ellos, que entraron y no vieron nada porque no había sino estudiantes y pícaros, que es todo uno, comenzaron a buscarme, y, no me hallando, sospechando lo que fue; yendo a buscar sus espadas, no hallaron media. ¿Quién contará las diligencias que hizo con el rector el corregidor aquella noche? Anduvieron todos los patios reconociendo las camas. Llegaron a casa; y yo, por que no me conociesen, estaba echado en la cama con un tocador[2] y con una vela en la mano y un cristo en la otra, y un compañero clérigo ayudándome a morir; los demás rezando las letanías. Llegó el rector y la justicia, y viendo el espectáculo, se salieron, no persuadiéndose que allí pudiera haber habido lugar para tal cosa. No miraron nada, antes el rector me dijo un responso. Preguntó si estaba ya sin habla, y dijéronle que sí; y con tanto, se fueron desesperados de hallar rastro, jurando el rector de remitirle si le topasen, y el corregidor de ahorcarle aunque fuese hijo

1. «Esquinazo.»

2. «El ornamento de la cabeza... que usa el hombre de noche.» Covarrubias.

de un grande. Levantéme de la cama, y hasta hoy no se ha acabado de solemnizar la burla en Alcalá.

Y por no ser largo dejo de contar cómo hacía monte la plaza del pueblo, pues de cajones de tundidores y plateros, y mesa de fruteras —que nunca se me olvidara la afrenta de cuando fui rey de gallos— sustentaba la chimenea de casa todo el año. Callo las pensiones que tenía sobre los habares, viñas y huertos en todo aquello de alrededor. Con estas y otras cosas comencé a cobrar fama de travieso y agudo entre todos. Favorecíanme los caballeros, y apenas me dejaban servir a don Diego, a quien siempre tuve el respeto que era razón, por el mucho amor que me tenía.

CAPITULO VII

DE LA IDA DE DON DIEGO Y NUEVAS DE LA MUERTE DE MIS PADRES, Y LA RESOLUCION QUE TOME EN MIS COSAS PARA ADELANTE

En este tiempo vino a don Diego una carta de su padre, en cuyo pliego venía otra de un tío mío llamado Alonso Ramplón, hombre allegado a toda virtud, y muy conocido en Segovia por lo que era allegado a la justicia, pues cuantas allí se habían hecho de cuatro años a esta parte han pasado por sus manos. Verdugo era, si va a decir la verdad; pero un águila en el oficio. Vérsele hacer daba gana de dejarse ahorcar. Este, pues, me escribió una carta a Alcalá, desde Segovia, en esta forma:

CARTA

«Hijo Pablos —que por el mucho amor que me tenía me llamaba así—: Las ocupaciones grandes de esta plaza en que me tiene ocupado su majestad no me han dado lugar a hacer esto, que si algo tiene malo el servir al rey, es el trabajo, aunque le desquita con esta negra honrilla de ser sus criados. Pésame de daros nuevas de poco gusto. Vuestro padre murió ocho días ha con el mayor valor que ha muerto hombre en el mundo; dígolo como quien le guindó. Subió en el asno sin poner pie en el estribo; veníale el sayo baquero que parecía haberse hecho para él, y como tenía aquella presencia, nadie le veía con los cristos delante que no lo juzgase por ahorcado. Iba con gran desenfado mirando a las ventanas y haciendo cortesías a los que dejaban sus oficios por mirarle; hízose dos veces los bigotes; mandaba descansar a los confesores, e íbales alabando lo que decían bueno. Llegó a la de palo, puso el un pie en la escalera, no subió a gatas ni de espacio, y viendo un escalón hendido, volvióse a la justicia y dijo que mandase aderezar aquél para otro, que no todos tenían su hígado. No sabré encarecer cuán bien pareció a todos. Sentóse arriba y tiró de las arrugas de la ropa atrás; tomó la soga y púsola en la nuez, y viendo que el teatino le quería predicar, vuelto a él le dijo: «Padre, yo lo doy por predicado, y vaya un poco de credo y acabemos presto, que no querría parecer prolijo.» Hízose ansí. Encomendóme que le pusiese la caperuza de lado y que le limpiase las babas; yo lo hice así. Cayó sin encoger las piernas ni hacer gestos; quedó con una gravedad que no había más que pedir. Hícele cuartos y dile por sepultura los caminos; Dios sabe lo que a mí me pesa de verle en ellos haciendo mesa franca a los grajos; pero yo entiendo que los pasteleros desta tierra nos consolarán, acomodándole en los de a cuatro. De vuestra madre, aunque está viva ahora, casi os puedo decir lo mismo; que está presa en la Inquisición de Toledo, porque desenterraba los muertos sin ser murmuradora. Dícese que daba paz cada noche a un cabrón en el ojo que no tiene niña. Halláronla en su casa más piernas, brazos y cabezas que a una capilla de milagros, y lo menos que hacía era sobrevirgos y contrahacer doncellas. Dicen que representará en un auto el día de la Trinidad, con cuatrocientos de muerte; pésame, que nos deshonra a todos, y a mí principalmente, que al fin soy ministro del rey y me están mal estos parentescos. Hijo, aquí ha quedado no sé qué hacienda escondida de vuestros padres; será en todo hasta cuatrocientos ducados; vuestro tío soy, lo que tenga ha de ser para vos. Vista ésta, os podréis venir aquí, que con lo que vos sabéis de latín y retórica seréis singular en el arte de verdugo. Respondedme luego, y entretanto, Dios os guarde. Etc.»

No puedo negar que sentí mucho la nueva afrenta, pero holguéme en parte: tanto pueden los vicios en los padres, que consuelan de sus desgracias, por grandes que sean, a los hijos. Fuime corriendo a don Diego, que estaba leyendo la carta de su padre, en que le mandaba que se fuese y no me llevase en su compañía, movido de las travesuras mías que había oído decir. Díjome cómo se determinaba ir, y todo lo que le mandaba su padre, que a él le pesaba dejarme, y a mí más. Díjome que me acomodara con otro caballero amigo suyo para que le sirviese. Y en esto, riéndome, le dije: «Señor, yo soy otro, y otros mis pensamientos; más alto pico y más autoridad me importa tener, porque si hasta ahora tenía, como cada cual, mi piedra en el rollo,[1] ahora tengo mi padre.» Declaréle cómo había muerto tan honradamente como el más estirado; cómo le trincharon e hicieron moneda,[2] y cómo me había escrito mi señor tío el verdugo de esto y de la prisioncilla de mama; que a él, como quien sabía quién yo soy, me pude descubrir sin vergüenza. Lastimóse mucho, y preguntóme qué pensaba hacer. Dile cuenta de mis determinaciones; y con esto al otro día él se fue a Segovia harto triste, y yo me quedé en la casa disimulando mi desventura. Quemé la carta, porque, perdiéndoseme, acaso no la leyese alguno, y comencé a disponer mi partida para Segovia con intención de cobrar mi hacienda y conocer mis parientes, para huir de ellos.

1. «Es costumbre en la villa irse a sentar a la grada del rollo a conversación, y los honrados tienen ya particular asiento, que ninguno se lo quita; y vale tanto como ser hombre de honra.» Covarrubias.

2. «Le hicieron cuartos.»

CAPITULO VIII

DEL CAMINO DE ALCALA PARA SEGOVIA, Y LO QUE ME SUCEDIO EN EL HASTA REJAS, DONDE DORMI AQUELLA NOCHE

Llegó el día de apartarme de la mejor vida que hallo haber pasado. Dios sabe lo que sentí el dejar tantos amigos y apasionados, que eran sin número. Vendí lo poco que tenía, de secreto, para el camino, y con ayuda de unos embustes, hice hasta seiscientos reales. Alquilé una mula y salíme de la posada, adonde no tenía que sacar más de mi sombra. ¿Quién contará las angustias del zapatero por lo fiado, las solicitudes del ama por el salario, las voces del huésped de la casa por el arrendamiento? Uno decía: «Siempre me lo dijo el corazón.» Otro: «Bien me decía a mí que éste era un trampista.» Al fin, yo salí tan bienquisto del pueblo, que dejé con mi ausencia a la mitad dél llorando y a la otra mitad riéndose de los que lloraban.

Ibame entreteniendo por el camino considerando en estas cosas, cuando, pasado Torote,[1] encontré con un hombre en un macho de albarda, el cual iba hablando entre sí con muy gran priesa, y tan embebecido, que, aun estando a su lado, no me veía. Saludéle, y saludóme; preguntéle dónde iba, y después que nos pagamos las respuestas, comenzamos a tratar de si bajaba el turco y de las fuerzas del rey. Comenzó a decir de qué manera se podía ganar la Tierra Santa, y cómo se ganaría Argel; en los cuales discursos eché de ver que era loco repúblico y de gobierno. Proseguimos en la

1. Arroyo de Guadalajara.

conversación propia de pícaros y vinimos a dar, de una cosa en otra, en Flandes. Aquí fue ello, que empezó a suspirar y decir: «Más me cuestan a mi esos Estados que el rey, porque ha catorce años que ando con un arbitrio que, si como es imposible, no lo fuera, ya estuviera todo sosegado.» «¿Qué cosa puede ser —le dije— que, conviniendo tanto, sea imposible y no se puede hacer?» «¿Quién dice a v. m. —dijo luego— que no se puede hacer ? Hacerse puede, que ser imposible es otra cosa. Y si no fuera por dar pesadumbre a v. m. le contara lo que es; pero allá se verá, que ahora lo pienso imprimir con otros trabajillos, entre los cuales le doy al rey modo de ganar a Ostende por dos caminos.» Roguéle que los dijese, y, sacándole de las faldriqueras, me mostró pintado el fuerte del enemigo y el nuestro, y dijo: «Bien ve v. m. que la dificultad de todo, está en este pedazo de mar; pues yo doy orden de chuparle todo con esponjas y quitarle de allí.» Di yo con este desatino una gran risada; y él, mirándome a la cara, me dijo: «A nadie se lo he dicho que no haya hecho otro tanto; que a todos los da gran contento.» «Eso tengo yo por cierto —le dije— de oír cosa tan nueva y tan bien fundada; pero advierta v. m. que, ya que chupe el agua que hubiere entonces, tornará luego la mar a echar más.» «No hará la mar tal cosa, que lo tengo yo eso por muy apurado —me respondió—; fuera de que yo tengo pensada una invención para hundir la mar por aquella parte en doce Estados.»

No le osé replicar, de miedo que me dijese tenía arbitrio para tirar el cielo acá abajo: no vi en mi vida tan gran orate. Decíame que Juanelo[1] no había hecho nada; que él trazaba ahora de subir toda el agua del Tajo a Toledo de otra manera más fácil: y sabido lo que era, dijo que por ensalmo. ¡Mire vuesa merced quién tal oyó en el mundo! Y, al cabo, me dijo: «Y no lo pienso poner en ejecución si primero el rey no me da una encomienda, que la puedo tener muy bien, y tengo una ejecutoria muy honrada.» Con estas pláticas y desconciertos llegamos a Torrejón, donde se quedó, que venía a ver una parienta suya.

1. Juanelo Turriano, natural de Cremona, logró elevar las aguas del Tajo a lo más alto de Toledo mediante un complicado *artificio* que funcionó con éxito durante un tercio de siglo en tiempo de Felipe II.

Yo pasé adelante, pereciéndome de risa de los arbitrios en que ocupaba el tiempo, cuando, Dios y en hora buena, desde lejos vi una mula suelta y un hombre junto a ella a pie, que, mirando un libro, hacía unas rayas que medía con un compás. Daba vueltas y saltos a un lado y otro, y de rato en rato, poniendo un dedo encima de otro, hacía mil cosas saltando. Yo confieso que entendí por gran rato —que me paré desde algo lejos a verlo— que era encantador, y casi no me determinaba a pasar. Al fin me determiné, y llegando cerca, sintióme; cerró el libro, y al poner el pie en el estribo, resbalósele y cayó. Levantéle y díjome: «No tomé bien el medio de proporción para hacer la cincunferencia al subir.» Yo no entendí lo que me dijo, y luego temí lo que era, porque más desatinado hombre no ha nacido de las mujeres. Preguntóme si iba a Madrid por línea recta, o si iba por camino circunflejo. Y yo, aunque no lo entendí, le dije que circunflejo. Preguntóme cúya era la espada que llevaba al lado; respondíle que mía, y, mirándola, dijo: «Esos gavilanes habían de ser más largos, para reparar los tajos que se forman sobre el centro de las estocadas.» Y empezó a meter una parola tan grande, que me forzó a preguntarle qué materia profesaba. Díjome que él era diestro verdadero, y que lo haría bueno en cualquier parte. Yo, movido a risa, le dije: «Pues en verdad que, por lo que yo vi hacer a v. m. en el campo, que más le tenía por encantador, viendo los círculos.» «Eso —me dijo— era que se me ofreció una treta por el cuarto círculo con el compás mayor, continuando la espada, para matar sin confesión al contrario, porque no diga quién lo hizo. Y estaba poniéndolo en términos de matemática.» «¿Es posible —le dije yo— que hay matemática en eso?» Dijo: «No solamente matemática, más teología, filosofía, música y medicina.» «Esa postrera no lo dudo, pues se trata de matar en esa arte.» «No os burléis —me dijo—, que ahora aprendéis la limpiadera[1] contra la espada, haciendo los tajos mayores que comprehendan en sí las espirales de la espalda.» «No entiendo cosa de cuantas me decís, chica ni grande.» «Pues este libro las dice —me respondió—, que se llama *Grandezas de la espada*, y es muy

1. «Instrumentos con que se limpian las ropas o los vestidos.» Covarrubias.

bueno y dice milagros. Y, para que lo creáis, en Rejas,[1] que dormiremos esta noche, con dos asadores me veréis hacer maravillas; y no dudéis que cualquier que leyere en este libro matará a todos los que quisiere.» «O este libro enseña a hacer pestes a los hombres, o le compuso —dije yo— algún doctor.» «¿Cómo doctor? Bien lo entiende —me dijo—; es un gran sabio, y aun estoy por decir más.»

En estas pláticas llegamos a Rejas. Apeámonos en una posada, y, al apearnos, me advirtió con grandes voces que hiciese un ángulo obtuso con las piernas, y que, reduciéndolas a líneas paralelas, me pusiese perpendicular en el suelo. El huésped me vio reír, y se rió. Preguntóme si era indio aquel caballero, que hablaba de aquella suerte. Pensé con esto perder el juicio. Llegóse luego al huésped, y díjole: «Señor, déme v. m. los asadores para dos o tres ángulos, que al momento se los volveré.» «¡Jesús! —dijo el huésped—. Déme acá v. m. los ángulos, que mi mujer los asará, aunque aves son que no las he oído nombrar.» «Que no son aves —dijo volviéndose a mí—. ¡Mire v. m. lo que es no saber! Déme los asadores, que no los quiero sino para esgrimir; que quizá le valdrá más lo que me viere hacer hoy que todo lo que ha ganado en su vida.» En fin, los asadores estaban ocupados, y hubimos de tomar dos cucharones. No se ha visto cosa tan digna de risa en el mundo. Daba un salto, y decía: «Con este compás alcanzo más, gano los grados de perfil; ahora me aprovecho del movimiento remiso para matar el natural; ésta había de ser cuchillada, y ésta tajo.» No llegaba a mí desde una legua, y andaba alderredor con el cucharón; y como yo me estaba quedo, parecían tretas contra olla que se sale, estando al fuego. Díjome: «¡Al fin, esto es lo bueno, y no las borracheras que enseñan estos bellacos maestros de esgrima, que no saben sino beber!»

No lo había acabado de decir cuando de un aposento salió un mulatazo mostrando las presas con un sombrero injerto en guardasol, y un coleto de ante, bajo de una ropilla suelta y llena de cintas, zambo de piernas a lo águila imperial; la cara, con un *per signum crucis de inimicis suis*; la barba, de ganchos, con unos bigotes de guardamano, y una

1. Despoblado, en el término de Barajas, partido judicial de Alcalá.

daga con más rejas que un locutorio de monjas; y mirando al suelo, dijo: «Yo soy examinado y traigo la carta; y por el sol que calienta los panes, que haga pedazos a quien tratare mal a tanto buen hijo como profesa la destreza.» Yo, que vi la ocasión, metíme en medio, y dije que no hablaba con él, y que, así, no tenía de qué picarse. «Meta mano a la blanca,[1] si la trae, y apuremos cuál es verdadera destreza, y déjese de cucharones.» El pobre de mi compañero abrió el libro, y dijo en altas voces: «Este libro lo dice, y está impreso con licencia del rey, y yo sustentaré que es verdad lo que dice, con el cucharón y sin el cucharón, aquí y en otra parte; y si no, midámoslo»; y sacó el compás y comenzó a decir: «Este ángulo es obtuso.» Y entonces el maestro sacó la daga y dijo: «Yo no sé quién es Angulo, ni Obtuso, ni en mi vida oí decir tales nombres; pero con ésta en la mano lo haré pedazos.» Acometió al pobre diablo, el cual empezó a huir, diciendo: «No me puede herir, que le he ganado los grados del perfil.» Metímoslos en paz el huésped y yo y otra gente que había, aunque de risa no me podía mover.

Metieron al buen hombre en su aposento, y a mí con él; cenamos, y acostámonos todos los de la casa, y a las dos de la mañana levántase en camisa y empieza a andar a obscuras por el aposento, dando saltos y diciendo en lengua matemática mil disparates. Despertóme a mí; y, no contento con esto, bajó al huésped para que le diese luz, diciendo que había hallado objeto fijo a la estocada sagita[2] por la cuerda. El huésped se daba a los diablos de que lo despertase; y tanto le molestó, que le llamó loco, y con esto se subió y me dijo que si me quería levantar vería la treta tan famosa que había hallado contra el turco y sus alfanjes; y decía que luego se la quería ir a enseñar al rey, por ser en favor de los católicos. En esto amaneció, vestímonos todos y pagamos la posada. Hiciéronlos amigos a él y al maestro, el cual se apartó diciendo que lo que alegaba mi compañero era bueno; pero que hacía más locos que diestros, porque los más, por lo menos, no lo entendían.

1. «La espada blanca, por oposición a las negras mencionadas arriba, usadas en los asaltos.»

2. «Porción de recta comprendida entre el punto medio de arco de círculo y el de su cuerda.»

CAPITULO IX

DE LO QUE ME SUCEDIO HASTA LLEGAR A MADRID CON UN POETA

Yo tomé mi camino para Madrid, y él se despidió de mí por ir diferente jornada. Ya que estaba apartado, volvió con gran priesa, y llamándome a voces, estando en el campo, donde no nos oía nadie, me dijo al oído: «Por vida de v. m. que no diga nada de todos los altísimos secretos que le he comunicado en materia de destreza, y guárdelo para sí, pues tiene buen entendimiento.» Yo le prometí hacerlo; tornóse a partir de mí, y yo empecé a reírme del secreto tan gracioso.

Con esto caminé más de una legua que no topé persona. Iba yo pensando entre mí en las muchas dificultades que tenía para profesar honra y virtud, pues había menester tapar primero la poca de mis padres, y luego tener tanta, que me desconociesen por ella. Y parecíanme a mí estos pensamientos honrados, que yo me los agradecía a mí mismo. Decía a solas: «Más se me ha de agradecer a mí, que no he tenido de quién aprender virtud, que al que la hereda de sus abuelos.» En estas razones y discursos iba, cuando topé un clérigo muy viejo en una mula, que iba camino de Madrid. Trabamos plática, y luego me preguntó que de adónde venía. Yo le dije que de Alcalá. «Maldiga Dios —dijo él— tan mala gente, pues faltaba entre tantos un hombre de discurso.» Preguntéle que cómo o por qué se podía decir tal del lugar donde asistían tantos doctos varones, y él, muy enojado, dijo: «¿Doctos? Yo le diré a v. m. que tan doctos, que habiendo catorce años que hago yo en Majalahonda[1] —donde he sido sacristán— las chanzonetas al Corpus y el Nacimiento, no me premiaron en el cartel[2] unos cantarcitos que, por que vea vuesa merced la sinrazón que me hicieron, se los he de leer.» Y comenzó desta manera:

Pastores, ¿no es lindo chiste
Que es hoy el señor san Corpus Criste?
Y es el día de las danzas,
En que el Cordero sin mancilla
Tanto se humilla,
Que visita nuestras panzas,
Y entre estas bienaventuranzas
Entra en el humano buche.
Suene el lindo sacabuche[3]
Pues en nuestro bien consiste.
Pastores, ¿no es lindo chiste, etc.

«¿Qué pudiera decir más —me dijo— el mesmo inventor de los chistes? Mire qué misterios encierra aquella palabra *pastores;* más me costó de un mes de estudio.» Yo no pude con esto tener la risa, que a borbollones se me salía por los ojos y narices, y dando una gran carcajada, dije: «¡Cosa admirable!; pero sólo reparo en que llama v. m. señor san Corpus Criste, y Corpus Cristi no es santo, sino el día de la institución del Santísimo Sacramento.» «¡Qué lindo es eso! —me respondió haciendo burla—. Yo le daré en el calendario, y está canonizado, y apostaré a ello la cabeza.» No pude porfiar, perdido de risa de ver la suma ignorancia; antes le dije que eran dignas de cualquier premio y que no había leído cosa tan graciosa en mi vida. «¿No? —dijo al mismo punto—. Pues oiga v. m. un pedacito de un

1. Majadahonda, provincia de Madrid.

2. «El escrito que se pone en tiempo de fiestas por los que han de ser mantenedores de justas y torneos o juegos de sortijas, al pie del cual firman los aventureros.» Covarrubias.

3. «Instrumento de metal que se alarga y recoge en sí mismo; táñese con los demás instrumentos de chirimías, cornetas y flautas. Díjose así porque cualquiera que no estuviese advertido le parecía, cuando se alarga, sacarle del buche.» Covarrubias.

librillo que tengo hecho a las once mil vírgenes, adonde a cada una he compuesto cincuenta octavas, cosa rica.» Yo, por excusarme de oír tanto millón de octavas, le supliqué no me dijese cosa a lo divino, y así me comenzó a recitar una comedia que tenía más jornadas que el camino de Jerusalén. Decíame: «Hícela en dos días, y éste es el borrador», y sería hasta cinco manos de papel. El título era *El arca de Noé.* Hacíase toda entre gallos, ratones, jumentos, raposas y jabalíes, como fábulas de Esopo. Yo se la alabé la traza y la invención, a lo cual me respondió: «Ello cosa mía es, pero no se ha hecho otra tal en el mundo, y la novedad es más que todo, y si yo salgo con hacerla representar, será cosa famosa.» «¿Cómo se podrá representar —le dije yo—, si han de entrar los mismos animales, y ellos no hablan?» «Esa es la dificultad, que, a no haber ésa, ¿habrá cosa más alta? Pero yo tengo pensada hacerla toda de papagayos, tordos y picazas, que hablan; y meter para el entremés monas.» «Por cierto, alta cosa es ésa.» «Otras más altas he hecho yo —dijo— por una mujer a quien amo, y ve aquí novecientos y un sonetos y doce redondillas —que parece que contaba escudos por maravedís— hechos a las piernas de mi dama.» Yo le dije que si se las había visto él, y respondióme que no había hecho tal por las órdenes que tenía; pero que iban en profecía de conceptos. Yo confieso, la verdad, que, aunque me holgaba de oírle, tuve miedo a tantos versos malos, y así comencé a echar la plática a otras cosas. Decíale que veía liebres; «pues empezaré por uno donde las comparo a ese animal», y empezaba luego. Yo, por divertirle,[1] le decía: «¿Ve v. m. aquella estrella que se ve de día?» A lo cual dijo: «En acabando éste le diré el soneto treinta, en que la llamo estrella, que no parece sino que sabe los intentos de ellos.» Afligíme tanto con ver que no se podía nombrar cosa a que él no hubiese hecho algún disparate, que, cuando vi que llegábamos a Madrid, no cabía de contento, entendiendo que de vergüenza callaría; pero fue al revés, que, por mostrar lo que era, alzó la voz en entrando por la calle. Yo le supliqué que lo dejase, poniéndole por delante que, si los niños olían poeta, no que-

1. Apartarle.

daría troncho que no se viniese por sus pies tras nosotros, por estar declarados por locos en una premática que había salido contra ellos, de uno que lo fue y se recogió a buen vivir. Pidióme que la leyese si la tenía, muy acongojado. Prometí de hacerlo en la posada. Fuimos a una, adonde él se acostumbraba apear, y hallamos a la puerta más de doce ciegos; unos le conocieron por el olor, y otros por la voz; diéronle una barbanca[1] de bien venido. Abrazólos a todos, y luego comenzaron unos a pedirle oración para el Justo Juez en verso grave y sentencioso, tal que provocase a gestos; otros pidieron de las Animas, y por aquí discurrieron, recibiendo ocho reales de señal de cada uno. Despidiólos, y díjome: «Más me han de valer de trescientos reales los ciegos. Y así, con licencia de vuesa merced, me recogeré ahora un poco para hacer alguna de ellas, y en acabando de comer oiremos la premática.» ¡Oh vida miserable! Pues ninguna lo es más que la de los locos que ganan de comer con los que lo son.

1. «Lo mismo que vocería, rociada o habla de muchos días que dicen a un mismo tiempo una cosa, lo que se entiende confusamente por no entenderse bien de ninguno.» *(Dicc. Aut.)*

CAPITULO X

DE LO QUE HICE EN MADRID, Y LO QUE ME SUCEDIO HASTA LLEGAR A CERCEDILLA, DONDE DORMI

Recogióse un rato a estudiar herejías y necedades para los ciegos. Entretanto se hizo hora de comer; comimos, y luego pidióme le leyese la premática. Yo, por no haber otro quehacer, la saqué y la leí; la cual pongo aquí, por haberme parecido aguda y conveniente a lo que se quiso reprehender en ella. Decía de este tenor:

Premática contra los poetas hueros, chirles[1] *y hebenes*[2]

Dióle al sacristán la mayor risa del mundo, y dijo: «¡Hablara yo para mañana! Por Dios que entendí hablaba conmigo, y es sólo contra los poetas hebenes.» Cayóme a mí muy en gracia oírle decir esto, como si él fuera muy albillo o moscatel. Dejé el prólogo, y comencé el primer capítulo, que decía:

«Atendiendo a que este género de sabandijas que llaman poetas son nuestros prójimos y cristianos, aunque malos; viendo que todo el año adoran cejas, dientes, listones[3] y zapatillas, haciendo otros pecados más enormes, mandamos

1. «... se llama así todo lo que es de ninguna substancia, vano o aparente.» *(Dicc. Aut.)*

2. «Especie de uva blanca que hace el racimo largo y ralo y los granos gordos y vellosos... Metafóricamente se toma por cosa de poca substancia y utilidad.» *(Dicc. Aut.)*

3. «Cinta de seda.»

que la Semana Santa recojan a todos los poetas públicos y cantoneros,[1] como a las malas mujeres, y que los desengañen del yerro en que andan y procuren convertirlos. Y para esto señalamos casas de arrepentidos.

»Item, advirtiendo los grandes bochornos que hay en las caniculares y nunca anochecidas coplas de los poetas de sol —como pasas a fuerza de los soles y estrellas que gastan en hacerlas—, les ponemos perpetuo silencio en las cosas del cielo, señalando meses vedados a las musas, como a la caza y pesca, por que no se agoten con la prisa que les dan.

»Item, habiendo considerado que esta secta infernal de hombres condenados a perpetuo concepto, despedazadores de vocablos y volteadores de razones, ha pegado el dicho achaque de poesía a las mujeres, declaramos que nos tenemos por desquitados con este mal que las hemos hecho del que nos hicieron al principio del mundo. Y porque aquél está pobre y necesitado, mandamos quemar las coplas de los poetas, como franjas viejas, para sacar el oro, plata y perlas, pues en los más versos hacen sus damas de todos metales.» Aquí no lo pudo sufrir el sacristán, y levantándose en pie, dijo: «¡Mas no, sino quitarnos las haciendas! No pase v. m. adelante, que de eso pienso apelar, y no con las mil y quinientas, sino a mi juez, por no causar perjuicio a mi hábito y dignidad; y en prosecución de ella gastaré lo que tengo. Bueno es que yo, siendo eclesiástico, hubiese de padecer ese agravio. Yo probaré que las coplas de poeta clérigo no están sujetas a tal premática, y luego quiero irlo a averiguar ante la justicia.» En parte me dio gana de reír; pero, por no detenerme —que se me hacía tarde—, le dije: «Señor, esta premática es hecha por gracia, que no tiene fuerza ni apremia, por estar falta de autoridad.» «¡Oh pecador de mí! —dijo muy alborotado—. Avisara v. m. que me hubiera ahorrado la mayor pesadumbre del mundo. ¿Sabe v. m. qué cosa es hallarse un hombre con ochocientas mil coplas de contado, y oír eso? Prosiga v. m., y Dios se lo perdone el susto que me dio.» Proseguí diciendo:

«Item, advirtiendo que después que dejaron de ser moros —aunque todavía conservan algunas reliquias— se han me-

1. «Que están en las esquinas.»

tido a pastores, por lo cual andan los ganados flacos de beber sus lágrimas, y chamuscados con sus ánimas encendidas, y tan embebecidos en su música, que no pacen, mandamos que dejen el tal oficio, señalado ermitas a los amigos de soledad, y a los demás —por ser oficio alegre y de pullas—, que se acomoden en mozos de mulas.»

«Algún p... cornudo, bujarrón, judío ordenó tal cosa; y si supiera quién era, yo le hiciera una sátira que le pesara a él y a todos cuantos la vieran. ¡Miren qué bien le estaría a un hombre lampiño como yo la ermita! ¿Y un hombre vinajeroso y sacristán ha de ser mozo de mulas? Ea, señor, que son grandes pesadumbres ésas.» «Ya le he dicho a v. m. —repliqué yo— que son burlas, y que las oiga como tales.» Proseguí diciendo:

«Item, por estorbar los grandes hurtos, mandamos que no se pasen coplas de Aragón a Castilla, ni de Italia a España, so pena de andar bien vestido el poeta que tal hiciese, y si reincide, de andar limpio una hora.» Esto le cayó muy en gracia, porque traía él una sotana con canas, de puro vieja, y con tantas cascarrias, que para enterarse no era menester más de estregársela encima; el manteo, podíanse con él estercolar dos heredades.

Y así, medio riéndome, le dije que mandaba también «tener entre los desesperados que se ahorcan y despeñan —y que como a tales no les enterrasen en sagrado—, a las mujeres que se enamorasen de poetas a secas. Y que, advirtiendo a la gran cosecha de redondillas, canciones y sonetos que había habido estos años fértiles, mandamos que los legajos que por sus deméritos escapasen de las especerías fuesen a las necesarias sin apelación.» Y por acabar, llegué al postrer capítulo que decía así:

«Pero advirtiendo con ojos de piedad que hay tres géneros de gentes en la república tan sumamente miserables que no pueden vivir sin tales poetas, como son farsantes, ciegos y sacristanes, mandamos que pueda haber algunos oficiales de esta arte, con tal que tengan carta de examen de los caciques de los poetas que fueren en aquellas partes; limitando a los poetas de farsantes que no acaben los entremeses con palos ni diablos, ni las comedias en casamiento, y a los ciegos que no sucedan los casos en Tetuán, desterrándoles estos vocablos, *hermanal* y *pundonores,* y mandámosles que para decir *la presente obra* no digan *zozobra*, y a los de sacristanes, que no hagan los villancicos con *Gil* ni *Pascual*, que no jueguen el vocablo, ni hagan los pensamientos de tornillo, que, mudándoles el nombre, se vuelvan a cada fiesta.

»Y, finalmente, mandamos a todos los poetas en común que se descarten de Júpiter, Venus, Apolo y otros dioses, so pena que los tendrán por abogados en la hora de la muerte.»

A todos los que oyeron la premática pareció cuanto bien se puede decir, y todos me pidieron traslado de ella; sólo el sacristanejo comenzó a jurar por vida de las vísperas solemnes, *introibo* y *kiries,* que era sátira contra él, por lo que decía de los ciegos, y que él sabía mejor lo que había de hacer que nadie. Y últimamente dijo: «Hombre soy yo que he estado en una posada con Liñán, y he comido más de dos veces con Espinel», y que había estado en Madrid tan cerca de Lope de Vega como lo estaba de mí, y que había visto a don Alonso de Ercilla mil veces, y que tenía en su casa un retrato del divino Figueroa, y que había comprado los gregüescos que dejó Padilla cuando se metió a fraile, y que hoy día los traía y malos. Enseñólos, y dioles esto a todos tanta risa, que no querían salir de la posada.

Al fin, ya eran las dos, y como era forzoso el caminar, salimos de Madrid. Yo me despedí de él, aunque me pesaba, y comencé a caminar para el puerto. Quiso Dios que, por que no fuese pensando en mal, me topé con un soldado. Luego trabamos plática; preguntóme que si venía de la corte. Dije que de paso había estado en ella. «No está para más —dijo luego—, que es pueblo para gente ruin; mas quiero, ¡voto a Cristo!, estar en un sitio, la nieve a la cinta, hecho un reloj,[1] comiendo madera, que sufrir las supercherías que se hacen a un hombre de bien.» A esto le dije yo que advirtiese que en la corte había de todo, y que estimaban mucho a cualquier hombre de suerte. «¡Que esti-

1. «Estar como un reloj: estar bien dispuesto, con humores proporcionados.» *(Dicc. Aut.)*

maban —dijo muy enojado—, si he estado yo seis meses pretendiendo una bandera, tras veinte años de servicios y haber perdido mi sangre en servicio del rey, como lo dicen estas heridas!» Y enseñóme una cuchillada de a palmo en las ingles, que así era de incordio como el sol es claro; luego, en los calcañares, me enseñó otras dos señales, y dijo que eran balas; y yo saqué, por otras dos mías que tengo, que habían sido sabañones. Quitóse el sombrero y mostróme el rostro: calzaba diez y seis puntos de cara, que tantos tenía en una cuchillada que le partía las narices. Tenía otros tres chirlos, que se la volvían mapa a puras líneas. «Estas —me dijo— me dieron en París en servicio de Dios y del rey, por quien veo trinchado mi gesto, y no he recibido sino buenas palabras, que ahora tienen lugar de malas obras. Lea estos papeles, por vida del licenciado, que no ha salido en campaña, ¡voto a Cristo!, hombre, ¡vive Dios!, tan señalado»; y decía verdad, porque lo estaba a puros golpes. Comenzó a sacar cañones de hoja de lata y a enseñarme papeles, que debían de ser de otro a quien había tomado el nombre. Yo los leí, y dije mil cosas en su alabanza, y que el Cid ni Bernardo no habían hecho lo que él. Saltó en esto, y dijo: «¿Cómo lo que yo? ¡Voto a Dios! que ni García de Paredes, Julián Romero ni otros hombres de bien. ¡Pese al diablo! Sí, que entonces sí que no había artillería. ¡Voto a Dios! que no hubiera Bernardo para una hora en este tiempo. Pregunte v. m. en Flandes por la hazaña del Mellado, y verá lo que le dicen.» «¿Es v. m. acaso?», le dije yo; y él me respondió: «Pues ¿qué otro? ¿No ve la mella que tengo en los dientes? No tratemos de esto, que parece mal alabarse el hombre.»

Yendo en estas razones, topamos en un borrico un ermitaño con una barba tan larga, que hacía lodos con ella, macilento y vestido de paño pardo. Saludámosle con el *Deo gratias* acostumbrado, y empezó a alabar los trigos y en ellos la misericordia del Señor. Saltó el soldado, y dijo: «¡Ah, padre! Más espesas he visto yo las picas sobre mí; y, ¡voto a Cristo!, que hice en el saco de Amberes lo que pude; sí ¡juro a Dios!» El ermitaño le reprehendía que no jurase tanto. El soldado le respondía: «Bien se echa de ver, padre, que no ha sido soldado, pues me reprehende mi propio oficio.» Diome a mí gran risa de ver en lo que ponía la soldadesca, y eché de ver era algún picarón, porque entre ellos[1] no hay costumbre[2] tan aborrecida de los de importancia, cuando no de todos.

Llegamos a la falda del puerto: el ermitaño, rezando el rosario en una carga de leña hecha bolas, de manera que a cada Avemaría sonaba un cabe;[3] el soldado iba comparando las peñas a los castillos que había visto, y mirando cuál lugar era fuerte y adónde se había de plantar la artillería. Yo los iba mirando; y tanto temía el rosario del ermitaño con las cuentas frisonas, como las mentiras del soldado. «¡Oh, cómo volaría yo con pólvora gran parte de este puerto —decía—, e hiciera buena obra a los caminantes!»

En estas y otras conversaciones llegamos a Cercedilla. Entramos en la posada todos tres juntos ya anochecido; mandamos aderezar la cena; era viernes y, entretanto, el ermitaño dijo: «Entretengámonos un rato, que la ociosidad es madre de los vicios; juguemos Avemarías»; y dejó caer de la manga el descuadernado.[4] Diome a mi gran risa ver aquello, considerando en las cuentas.[5] El soldado dijo: «No, si no juguemos hasta cien reales que yo traigo, en amistad.» Yo, codicioso, dije que jugaría otros tantos, y el ermitaño, por no hacer mal servicio, aceptó, y dijo que allí llevaba el aceite de la lámpara, que era hasta doscientos reales. Yo confieso que pensé ser su lechuza, y bebérselo; pero así le suceden todos sus intentos al turco. Fue el juego al parar;[6] y lo bueno fue que dijo que no sabía el juego, e hizo que se le enseñásemos. Dejónos el bienaventurado hacer dos manos, y luego nos la dio tal, que no dejó blanca en la mesa. Heredónos en vida; retiróla el ladrón con las ancas de la mano, que era lástima: perdía una sencilla, y acertaba doce mali-

1. «Los soldados.»
2. «La de jurar.»
3. «En el juego de la argolla es la distancia que hay de una a otra bola, que, para serlo, por lo menos ha de caber en medio la paleta sin tocar a ninguna de las dos, y de aquí tomó el nombre.» Covarrubias.
4. «La baraja.»
5. «Las del rosario.»
6. «Juego de cartas en que se saca una para los puntos y otra para el banquero, y de ellas gana la primera que hace parejas con las que van saliendo de la baraja.» *(Dicc. Acad.)*

ciosas. El soldado echaba a cada suerte doce votos y otros tantos «pesias», aforrados en «porvidas». Yo me comí las uñas mientras el fraile ocupaba las suyas en mi moneda. No dejaba santo que no llamaba: acabó de pelarnos; quisímosle jugar sobre prendas; y él —tras haberme ganado a mí seiscientos reales, que era lo que llevaba, y al soldado los ciento— dijo que aquello era entretenimiento, y que éramos prójimos; que no había de tratar de otra cosa. «No juren —decía—; que a mí porque me encomendaba a Dios me ha sucedido bien.» Y como nosotros no sabíamos la habilidad que tenía de los dedos a la muñeca, creímoslo; y el soldado juró de no jugar más, y yo de la misma suerte. «Pesia tal —decía el pobre alférez (que él me dijo entonces lo que era)—; entre luteranos y moros me he visto; pero no he padecido tal despojo.»

El se reía a todo esto. Tornó a sacar el rosario para rezar; y yo, que no tenía ya blanca, pedíle que me diese de cenar y que pagase hasta Segovia la posada por los dos, que íbamos en *puribus*.[1] Prometió hacerlo. Metióse sesenta huevos. ¡No vi tal en mi vida! Dijo que se iba a acostar. Dormimos todos en una sala, con otra gente que estaba allí, porque los aposentos estaban tomados para otros. Yo me acosté con harta tristeza, y el soldado llamó al huésped y le encomendó sus papeles con las cajas de lata que los traían y un envoltorio de camisas jubiladas. Acostámonos; el padre se persignó, y nosotros nos santiguamos de él; durmió, y yo estuve desvelado, trazando cómo quitarle el dinero. El soldado hablaba entre sueños de los cien reales, como si no estuvieran sin remedio.

Hízose hora de levantar; pidió luz muy aprisa, trajéronla, y el huésped el envoltorio al soldado, y olvidáronsele los papeles. El pobre alférez hundía la casa a gritos, pidiendo que le diese los servicios. El huésped se turbó; y como todos decíamos que se los diese, fue corriendo, y trapo tres bacines, diciendo: «He ahí para cada uno lo suyo. ¿Quieren más servicios?», entendiendo que nos habían dado cámaras. Aquí fue ella, que se levantó el soldado con la espada tras el huésped, en camisa, jurando que le había de matar porque hacía

1. «Desnudo.»

burla dél —que se había hallado en la Naval,[1] San Quintín y otras—, trayéndole servicios en lugar de los papeles que le había dado. Todos salimos tras él a tenerle, y aun no podíamos. Decía el huésped: «Señor, su merced pidió servicios; yo no estoy obligado a saber que en lengua soldadesca se llaman así los papeles de las hazañas:» Apaciguámoslos y tornamos al aposento. El ermitaño, receloso, se quedó en la cama, diciendo que le había hecho mal el susto. Pagó por nosotros, y salimos del pueblo para el puerto, enfadados del término del ermitaño y de ver que no le habíamos podido quitar el dinero.

Topamos con un ginovés —dijo con uno de estos antecristos de las monedas de España— que subía el puerto, con un paje detrás, y él con su guardasol, muy a lo dineroso. Trabamos conversación con él, y todo lo llevaba a materia de maravedís, que es gente que naturalmente nació para bolsas. Comenzó a nombrar a Visanzón,[2] y si era bien dar dineros o no a Visanzón; tanto, que el soldado y yo le preguntamos que quién era aquel caballero; a lo cual respondió riéndose: «Es un pueblo de Italia donde se juntan los hombres de negocios, que acá llamamos fulleros de pluma, a poner los precios por donde se gobierna la moneda»: de lo cual sacamos que en Visanzón se llevaba el compás a los músicos de uña.[3] Entretúvonos el camino contando que estaba perdido porque había quebrado un cambio que le tenía más de sesenta mil escudos; y todo lo juraba por su conciencia, aunque yo pienso que conciencia en mercaderes es como virgo en cotorrera, que se vende sin haberse. Nadie casi tiene conciencia de todos los de este trato, porque, como oyen decir que muerde por muy poco, han dado en dejarla con el ombligo en naciendo.

En estas pláticas vimos los muros de Segovia, y a mí se me alegraron los ojos, a pesar de la memoria que, con los sucesos de Cabra, me contradecía el contento. Llegué al pueblo, y a la entrada vi a mi padre en el camino aguardando.[4] Enternecíme y entré algo desconocido de como salí, con

1. «Lepanto.»
2. «Besançon.»
3. ¿Los usureros?
4. Descuartizado por el verdugo.

punta de barbas, bien vestido. Dejé la compañía; y considerando en quién conociera a mi tío —fuera del rollo—[1] mejor en el pueblo, no hallé nadie de quien echar mano. Lleguéme a mucha gente a preguntar por Alonso Ramplón, y nadie me daba razón de él, diciendo que no le conocían. Holgué mucho de ver tantos hombres de bien en mi pueblo, cuando, estando en esto, oí al precursor de la penca[2] hacer de garganta, y a mi tío de las suyas. Venía una procesión de desnudos, todos descaperuzados, delante de mi tío; y él, muy haciéndose de pencas, con una en la mano, tocando un pasacalles públicas en las costillas de cinco laúdes, sino que llevaban sogas por cuerdas. Yo, que estaba mirando esto —con un hombre a quien había dicho, preguntando por él, que era un gran caballero yo—, veo a mi buen tío; y echando en mí los ojos —por pasar cerca—, arremetió a abrazarme, llamándome sobrino. Penséme morir de vergüenza; no volví a despedirme de aquel con quien estaba. Fuime con él y díjome: «Aquí te podrás ir, mientras cumplo con esta gente; que ya vamos de vuelta, y hoy comerás conmigo.» Yo, que me vi a caballo, y que en aquella sarta parecería punto menos de azotado, dije que le aguardaría allí; y así, me aparté tan avergonzado, que, a no depender de él la cobranza de mi hacienda, no le hablara más en mi vida, ni pareciera entre gentes.

Acabó de repasarles las espaldas, volvió, y llevóme a su casa, donde me apeé y comimos.

1. Picota.

2. «El pregonero que precede al verdugo que va azotando con la penca al condenado.»

CAPITULO XI

DEL HOSPEDAJE DE MI TIO, Y VISITAS; LA COBRANZA DE MI HACIENDA Y VUELTA A LA CORTE

Tenía mi buen tío su alojamiento junto al matadero, en casa de un aguador. Entramos en ella, y díjome: «No es alcázar la posada, pero yo os prometo, sobrino, que es a propósito para dar expediente a mis negocios.» Subimos por una escalera, que sólo aguardé a ver lo que me sucedía en lo alto para si se diferenciaba en algo de la horca. Entramos en un aposento tan bajo, que andábamos por él como quien recibe bendiciones, con las cabezas bajas. Colgó la penca[1] en un clavo que estaba con otros, de que colgaban cordeles, lazos, cuchillos, escarpias y otras herramientas del oficio. Díjome que por qué no me quitaba el manteo y me sentaba; yo le respondí que no lo tenía de costumbre. ¡Dios sabe cuál estaba de ver la infamia de mi tío! Díjome que había tenido ventura en topar con él en tan buena ocasión, porque comería bien, que tenía convidados unos amigos. En esto entró por la puerta, con una ropa hasta los pies, morada, uno de los que piden para las ánimas, y haciendo son con la cajeta, dijo: «Tanto me han valido a mí las ánimas hoy como a ti los azotados; encaja.» Hiciéronse la mamona[2] el uno al otro; arremangóse el desalmado animero el sayazo, y quedó con

1. «El azote del verdugo, por ser ancha como la penca de cardo.» Covarrubias.

2. Lo mismo que «hacer la mamola». «Vulgarmente se toma por una postura de los cinco dedos de la mano en el rostro de otro, y por menosprecio solemos decir que le hizo la mamola.» Covarrubias.

unas piernas zambas, en gregüescos de lienzo, y empezó a bailar y decir que si había venido Clemente. Dijo mi tío que no, cuando Dios y en hora buena, envuelto en un capucho, y con unos zuecos, entró un chirimía de la bellota, digo un porquero; conocílo por el —hablando con perdón— cuerno que traía en la mano; y para andar al uso sólo erró el no traelle encima de la cabeza. Saludónos a su manera, y tras él entró un mulato, zurdo y bizco, un sombrero con más falda que un monte y más copa que un nogal, la espada con más gavilanes que la caza del rey, un coleto de ante. Traía la cara de punto, porque a puros chirlos le tenía toda hilvanada. Entró y sentóse, saludando a los de casa; y a mi tío le dijo: «A fe, Alonso, que lo han pagado bien el Romo y el Garroso.» Saltó el de las ánimas, y dijo: «Cuatro ducados di yo a Flechilla, verdugo de Ocaña, porque aguijase el borrico y no llevase la penca de tres suelas cuando me palmearon.» «¡Vive Dios! —dijo el corchete— que se lo paqué yo sobrado a Lobrezno en Murcia; porque iba el borrico que remedaba el paso dc la tortuga, y el bellacón me los asentó de manera que no se levantaron sino ronchas.» Y el porquero, concomiéndose, dijo: «Aún están con virgo mis espaldas.» «A cada puerco le viene su San Martín», dijo el demandador. «Alabarme puedo yo —dijo mi buen tío— entre cuantos manejan la zurriaga, que al que se me encomienda hago lo que debo: sesenta me dieron los de hoy, y llevaron unos azotes de amigo con penca sencilla.»

Yo, que vi cuán honrada gente era la que hablaba con mi tío, confieso que me puse colorado, de suerte que no pude disimular la vergüenza; echómelo de ver el corchete, y dijo: «¿Es el padre el que padeció el otro día a quien se dieron ciertos empujones en el envés?».[1] Yo dije que no era hombre que padecía como ellos. En esto se levantó mi tío, y dijo: «Es mi sobrino, maeso en Alcalá, gran supuesto».[2] Pidiéronme perdón, y ofreciéronme toda caricia. Yo rabiaba ya por comer y cobrar mi hacienda, y huir de mi tío. Pusieron las mesas, y por una soguilla en un sombrero, como suben la limosna los de la cárcel, subieron la comida de un bodegón

1. «Azotes.»
2. «Persona de alta posición o suposición.»

que estaba a las espaldas de la casa, en unos mendrugos de platos y retajillos de cántaros y tinajas. No podrá nadie encarecer mi sentimiento y afrenta. Sentáronse a comer en cabecera el demandador y los demás sin orden. No quiero decir lo que comimos, sólo que eran todas cosas para beber. Sorbióse el corchete tres de puro tinto; brindóme a mí; el porquero me las cogía al vuelo, y hacía más razones que decíamos todos. No había memoria de agua, y menos voluntad de ella.

Parecieron en la mesa cinco pasteles de a cuatro, y tomando un hisopo, después de haber quitado las hojaldres, dijeron un responso todos, con su *requiem aeternam,* por el ánima del difunto cúyas eran aquellas carnes. Dijo mi tío: «Ya os acordáis, sobrino, lo que os escribí de vuestro padre.» Vínoseme a la memoria: ellos comieron, pero yo pasé con los suelos solos, y quedéme con la costumbre. Y así siempre que como pasteles, rezo un avemaría por el que Dios haya.

Menudeóse sobre dos jarros, y era de suerte lo que bebieron el corchete y el de las ánimas, que se pusieron las suyas tales, que trayendo un plato de salchicas, que parecían dedos de negro, dijo uno que para qué traían pebetes guisados. Ya mi tío estaba tal, que alargando la mano y asiendo una, dijo —con la voz algo áspera y ronca, el un ojo medio acosado y el otro nadando en mosto—: «Sobrino, por este pan de Dios, que crió a su imagen y semejanza, que no he comido en mi vida mejor carne tinta.» Yo, que vi al corchete que, alargando la mano, tomó el salero, y dijo: «Caliente está este caldo»; y que el porquero se llenó el puño de sal, diciendo: «Bueno es el avisillo para beber», y se lo echó todo en la boca, comencé a reírme por una parte y rabiar por otra. Trajeron caldo, y el de las ánimas tomó por entrambas manos una escudilla, diciendo: «Dios bendijo la limpieza.» Y lanzándola para sorberla, por llevarla a la boca se la puso en el carrillo, y, volcándola, se asó en el caldo y se puso todo de arriba abajo que era vergüenza. El, que se vio así, fuese a levantar; y como pesaba algo la cabeza, firmó sobre la mesa —que era de esas movedizas—, trastornóla y manchó a los demás: tras esto decía que el porquero le había empujado. El porquero, que vio que el otro se le caía encima, levantóse, y alzando el instrumento de hueso, le dio con él una trompetada; asiéronse a puños, y estando juntos los dos, y teniéndole el demandador mordido de un carrillo, con los vuelcos y alteración, el porquero vomitó cuanto había comido en las barbas del de la demanda. Mi tío, que estaba más en su juicio, decía que quién había traído a su casa tantos clérigos. Yo, que vi que ya en suma multiplicaban, metí en par la brega, desasí a los dos y levanté el corchete del suelo, el cual estaba llorando con gran tristeza. Eché a mi tío en la cama, el cual hizo cortesía a un velador de palo que tenía, pensando que era convidado. Quité el cuerno al porquero, el cual, ya que dormían los otros, no había hacerle callar, diciendo que le diesen el cuerno, porque no había habido jamás quién supusiese en él más tonadas, y que él quería tañer con el órgano. Al fin, yo me aparté de ellos hasta que vi que dormían. Salíme de casa, entretúveme en ver mi tierra toda la tarde, pasé por la casa de Cabra, tuve nueva de que era muerto, y no cuidé de preguntar de qué, sabiendo que hay hambre en el mundo.

Torné a casa a la noche, habiendo pasado cuatro horas, y hallé al uno despierto y que andaba a gatas por el aposento buscando la puerta, y diciendo que se les había perdido la casa. Levantéle, y dejé dormir a los demás hasta las once de la noche, que despertaron, y, esperezándose preguntó uno que qué hora era. Respondió el porquero —que aún no la había desollado— que no era nada, sino la siesta, y que hacía grandes bochornos. El demandador, como pudo, dijo que le diesen la cajilla: «Mucho han holgado las ánimas para tener a su cargo mi sustento», y fuese, en lugar de ir a la puerta, a la ventana, y como vio estrellas, comenzó a llamar a los otros con grandes voces diciendo que el cielo estaba estrellado a mediodía y que había un grande eclipse. Santiguáronse todos, y besaron la tierra. Yo, que vi la bellaquería del demandador, escandalicéme mucho y propuse de guardarme de semejantes hombres. Con estas vilezas e infamias que veía yo, ya me crecía por puntos el deseo de verme entre gente principal y caballeros. Despachélos a todos uno por uno, lo mejor que pude, y acosté a mi tío, que, aunque no tenía zorra.[1]

1. «Borrachera.»

tenía raposa; y yo acomodéme sobre mis vestidos y algunas ropas de los que Dios tenga, que estaban por allí.

Pasamos desta manera la noche, y a la mañana traté con mi tío de reconocer mi hacienda y cobralla. Despertó diciendo que estaba molido, y que no sabía de qué. Echó una pierna, levantóse; tratamos largo en mis cosas, y tuve harto trabajo por ser hombre tan borracho y rústico. Al fin lo reduje a que me diese noticia de parte de mi hacienda —aunque no de toda—, y así, me la dio de unos trescientos ducados que mi buen padre había ganado por sus puños y dejádolos en confianza de una buena mujer, a cuya sombra se hurtaba diez leguas a la redonda. Por no cansar a v. m. digo que cobré y embolsé mi dinero, el cual mi tío no había bebido ni gastado, que fue harto para ser hombre de tan poca razón, porque pensaba que yo me graduaría con éste, y que estudiando podría ser cardenal, que, como estaba en su mano hacerlos, no lo tenía por dificultoso. Díjome, en viendo que los[1] tenía: «Hijo Pablos, mucha culpa tendrás si no medras y eres bueno, pues tienes a quién parecer; dinero llevas, yo no te he de faltar, que cuanto sirvo y cuanto tengo, para ti lo quiero.» Agradecíle mucho la oferta; gastamos el día en pláticas desatinadas y en pagar las visitas a los personajes dichos.

Pasaron la tarde en jugar a la taba mi tío y el porquero y demandador; éste jugaba misas como si fuera otra cosa. Era de ver cómo se barajaban la taba: cojiéndola en el aire al que la echaba, y meciéndola con la muñeca, se la tornaban a dar. Sacaban de taba como de naipe, para la fábrica de la sed, porque había siempre un jarro en medio. Vino la noche; ellos se fueron, acostámonos mi tío y yo, cada uno en su cama, que ya había proveído para mí un colchón. Amaneció, y antes que él despertase yo me levanté y me fui a una posada sin que me sintiese; torné a cerrar la puerta por defuera, y eché la llave por una gatera.

Como he dicho, me fui a un mesón a esconder y aguardar comodidad para ir a la corte. Dejéle en el aposento una carta cerrada, que contenía mi ida y las causas, avisándole no me buscase, porque eternamente no lo había de ver.

1. «Los ducados.»

CAPITULO XII

DE MI HUIDA, Y LOS SUCESOS EN ELLA HASTA LA CORTE

Partía aquella mañana del mesón un arriero con cargas a la corte; llevaba un jumento, alquilómele, y salíme a aguardarle a la puerta fuera del lugar. Salió y espetéme en el dicho, y empecé la jornada. Iba entre mí diciendo: «Allá quedarás, bellaco, deshonrabuenos, jinete de gaznates.»

Consideraba yo que iba a la corte, donde nadie me conocía —que era la cosa que más me consolaba—, y que había de valerme por mi habilidad. Allí propuse de colgar los hábitos en llegando, y sacar vestidos cortos al uso. Pero volvamos a las cosas que el dicho mi tío hacía, ofendido con la carta, que decía en esta forma:

CARTA

«Señor Alonso Ramplón: Tras haberme Dios hecho tan señaladas mercedes como quitarme de delante a mi buen padre y tener mi madre en Toledo —donde, por lo menos, sé que hará humo—, no me faltaba si no ver hacer en v. m. lo que en otros hace. Yo pretendo ser uno de mi linaje, que dos es imposible, si no vengo a sus manos y trinchándome como hace a otros. No pregunte por mí que me importa negar la sangre que tenemos. Sirva al rey y a Dios.»

No hay que encarecer las blasfemias y oprobios que diría contra mí. Volvamos a mi camino. Yo iba caballero en el rucio de la Mancha, y bien deseoso de no topar nadie, cuando desde lejos vi venir un hidalgo de portante,[1] con su capa puesta, espada ceñida, calzas atacadas y botas, y al parecer bien puesto; el cuello abierto, el sombrero de lado. Sospeché que era algún caballero que dejaba atrás su coche; y así, emparejando, le saludé. Miróme y dijo: «Ira v. m., señor licenciado, en ese borrico con harto más descanso que yo con todo mi aparato.» Yo, que entendí que lo decía por coche y criados que dejaba atrás, dije: «En verdad, señor, que lo tengo por más apacible caminar que el del coche; porque —aunque v. m. vendrá en el que trae detrás con regalo— aquellos vuelcos que da inquietan.» «¿Cuál coche detrás?» dijo él, muy alborotado; y al volver atrás, como hizo fuerza, se le cayeron las calzas, porque se le rompió una agujeta[2] que traía, la cual era tan sola, que tras verme tan muerto de risa de verle, me pidió una prestada. Yo, que vi que de la camisa no se veía sino una ceja, y que traía tapado el rabo de medio ojo, le dije: «Por Dios, señor, que si v. m. no aguarda a sus criados, yo no puedo socorrerle, porque vengo también atacado únicamente.» «Si hace vuesa merced burla —dijo con las cachondas[3] en la mano—, vaya; porque no entiendo eso de los criados.» Y aclaróseme tanto —en materia de ser pobre—, que me confesó, a media legua que anduvimos, que si no le hacía merced de dejarle subir en el borrico un rato, no le era posible pasar a la corte, por ir cansado de caminar con las bragas en los puños. Y movido a compasión, me apeé, y como él no podía sacar las calzas, húbele yo de subir; y espantóme lo que descubrí en el tocamiento; por la parte de atrás, que cubría la capa, traía las cuchilladas con entretela de nalga pura. El, que sintió lo que había visto, como discreto, se previno diciendo: «Señor licenciado, no es oro todo lo que reluce; debióle parecer a v. m. en viendo el cuello abierto y mi presencia, que era un conde de Irlo.[4] Como de estos hojaldres cubren en el mundo lo que

1. «El paso ligero de las caballerías.» (V. *Dicc. Aut.*)

2. «La cinta que tiene dos cabos de metal, que, como aguja, entra por los agujeros.» Covarrubias.

3. «Calzas acuchilladas.»

4. Personaje cantado en el romance de este nombre.

v. m. ha tentado.» Yo le dije que le aseguraba me había persuadido a muy diferentes cosas de las que veía. «Pues aún no ha visto nada v. m. —replicó—; que hay tanto que ver en mí como tengo, porque nada cubro. Veme aquí vuesa merced un hidalgo hecho y derecho, de casa y solar montañés, que, si como sustento la nobleza me sustentara, no hubiera más que pedir; pero ya, señor licenciado, sin pan ni carne no se sustenta buena sangre, y por la misericordia de Dios todos la tienen colorada, y no puede ser hijo de algo el que no tiene nada. Ya he caído en la cuenta de las ejecutorias, después que, hallándome en ayunas un día, no quisieron dar sobre ellas en un bodegón dos tajadas. ¡Pues decir que no tienen letras de oro! Pero más valiera el oro en las píldoras que en las letras, y de más provecho es, y con todo, hay muy pocas letras con oro. He vendido hasta mi sepultura por no tener sobre qué caer muerto; que la hacienda de mi padre Toribio Rodríguez Vallejo Gómez de Ampuero —que todos estos nombres tenía— se perdió en una fianza; sólo el don me ha quedado por vender, y soy tan desgraciado, que no hallo nadie con necesidad de él, pues quien no le tiene por ante, le tiene por postre, como el remendón, azadón, podón, baldón, bordón y otros así.»

Confieso que, aunque iban mezcladas con risas, las calamidades del dicho hidalgo me enternecieron. Preguntéle cómo se llamaba y adónde iba y a qué. Dijo que todos los nombres de su padre: don Toribio Rodríguez Vallejo Gómez de Ampuero y Jordán. No se vio jamás nombre tan campanudo, porque acababa en dan y empezaba en don, como son de badajo. Tras esto dijo que iba a la corte, porque un mayorazgo raído como él, en un pueblo corto olía mal a dos días, y no se podía sustentar; y que por eso se iba a la patria común, adonde caben todos y adonde hay mesas francas para estómagos aventureros; «y nunca cuando entro en ella me faltan cien reales en la bolsa, cama, de comer y refocilo de lo vedado, porque la industria en la corte es piedra filosofal, que vuelve en oro cuanto toca.» Yo vi el cielo abierto, y en son de entretenimiento para el camino, le rogué que me contase cómo y con quiénes viven en la corte los que no tenían, como él, porque me parecía dificultoso; que no sólo se contenta cada uno con sus cosas sino que aun solicita las ajenas. «Muchos hay de ésos, hijo, y muchos de estotros: es la lisonja llave maestra que abre a todas voluntades en tales pueblos. Y por que no te se haga dificultoso lo que digo, oye mis sucesos y mis trazas y te asegurarás de esa duda.»

CAPITULO XIII

EN QUE EL HIDALGO PROSIGUE EL CAMINO Y LO PROMETIDO DE SU VIDA Y COSTUMBRE

Lo primero has de saber que en la corte hay siempre el más necio y el más sabio, más rico y más pobre, y los extremos de todas las cosas; que disimula los malos y esconde los buenos, y que en ella hay unos géneros de gentes —como yo— que no se les conoce raíz ni mueble ni otra cosa de la que descienden los tales. Entre nosotros nos diferenciamos con diferentes nombres: unos nos llamamos caballeros hebenes; otros hueros, chanflones,[1] chirles, traspillados[2] y caninos. Es nuestra abogada la industria; pasamos las más veces los estómagos de vacío, que es gran trabajo traer la comida en manos ajenas. Somos susto de los banquetes, polilla de los bodegones y convidados por fuerza; sustentámonos así del aire, y andamos contentos. Somos gente que comemos un puerro y presentamos un capón; entrará uno a visitarnos en nuestras casas, y hallará nuestros aposentos llenos de huesos de carnero y aves, mondaduras de frutas, la puerta embarazada con plumas y pellejos de gazapos; todo lo cual cogemos de parte de noche por el pueblo, para honrarnos con ello de día. Reñimos en entrando al huésped: "¿Es posible que no he de ser yo poderoso para que barra esa moza? Perdone v. m., que han comido aquí

1. «Lo tosco, basto y mal formado... Se llama también la moneda mal formada, tosca y falsa, que no pasa.» *(Dicc. Aut.)*

2. «Enflaquecerse, debilitarse demasiadamente. Dícese especialmente cuando esto proviene de la larga falta de alimento.» *(Dicc. Aut.)*

unos amigos, y estos criados...", etc. Quien no nos conoce, cree que es así, y pasa por convite.

»Pues ¿qué diré del modo de comer en casas ajenas? En hablando a uno a media voz, sabemos su casa, y siempre a la hora de mascar —que se sepa que está en la mesa— y decimos que nos llevan sus amores, porque tal entendimiento no le hay en el mundo. Si nos pregunta si hemos comido, si ellos no han empezado, decimos que no; si nos convidan no aguardamos el segundo envite, porque destas aguardadas nos han sucedido grandes vigilias; si han empezado, decimos que sí; y aunque parta muy bien el ave, pan o carne, o lo que fuere, para tomar ocasión de engullir un bocado, decimos: "Ahora deje vuesa merced, que le quiero servir de mastresala; que solía, Dios le tenga en el cielo —y nombramos un señor muerto, duque o conde—, gustar más de verme partir que de comer." Diciendo esto, tomamos el cuchillo, y partimos bocaditos, y al cabo decimos: «¡Oh, qué bien huele! Cierto que haría agravio a la guisandera en no probarlo; ¡qué buena mano tiene!» Y diciendo y haciendo, va en prueba el medio plato; el nabo por ser nabo, el tocino por ser tocino, y todo lo que es. Cuando esto nos falta, ya tenemos sopa de algún convento aplazada; no la tomamos en público, sino a lo escondido, haciendo creer a los frailes que es más devoción que necesidad.

»Es de ver uno de nosotros en una casa de juego con el cuidado que sirve y despabila las velas, trae orinales, cómo mete naipes y solemniza las cosas del que gana, todo por un triste real de barato.[1]

»Tenemos de memoria, para lo que toca a vestirnos, toda la ropería vieja; y como en otras partes hay hora señalada para oración, la tenemos nosotros para remendarnos. Son de ver las diversidades de cosas que sacamos: que como tenemos por enemigo declarado al sol, por cuanto nos descubre los remiendos, puntadas y trapos, nos ponemos abiertas las piernas a la mañana a su rayo, y en la sombra del suelo vemos las que hacen los andrajos e hilarachas de las entrepiernas, y con unas tijeras las hacemos la barba a las calzas; y

1. «Sacar los que juegan, del montón común o del suyo, para dar a los que sirven o asisten al juego.» Covarrubias.

como siempre se gastan tanto las entrepiernas, es de ver cómo quitamos cuchilladas de atrás para poblar lo de adelante, y solemos traer la trasera tan pacífica de cuchilladas, que se queda en las puras bayetas; sábelo sola la capa, y guardámonos de días de aire, y de subir por escaleras claras o a caballo. Estudiamos posturas contra la luz, pues en día claro andamos con las piernas muy juntas, y hacemos las reverencias con solos los tobillos, porque si se abren las rodillas se verá el ventanaje. No hay cosa en todos nuestros cuerpos que no haya sido otra cosa y no tenga historia; *verbi gratia*: bien ve vuesa merced esta ropilla; pues primero fue gregüescos, nieta de una capa y biznieta de un capuz, que fue en su principio, y ahora espera salir para soletas[1] y otras muchas cosas. Los escarpines[2] primero son pañizuelos, habiendo sido toallas y antes camisas, hijas de sábanas, y después de esto nos aprovechamos para papel, y en el papel escribimos, y después hacemos de él polvos para resucitar los zapatos, que de incurables los he visto yo hacer revivir con semejantes medicamentos. Pues ¿qué diré del modo con que de noche nos apartamos de las luces por que no se vean los herreruelos calvos y las ropillas lampiñas? Que no hay más pelo en ellas que en un guijarro, que es Dios servido de dárnosle en la barba y quitárnosle en la capa. Y por no gastar en barberos prevenimos siempre aguardar que otro de los nuestros tenga pelambre, y entonces nos la quitamos el uno al otro, conforme lo del Evangelio: "Ayudaos como buenos hermanos." Y tenemos cuenta en no andar los unos por las casas de los otros, si sabemos que alguno trata la misma gente que otro. Es de ver cómo andan los estómagos en celo.

»Estamos obligados a andar a caballo una vez cada mes aunque sea en pollino, por las calles públicas, y a ir en coche una vez en el año, aunque sea en la arquilla o trasera; pero si alguna vamos dentro del coche, es de considerar que siempre es en el estribo con todo el pescuezo de fuera, haciendo cortesías porque nos vean todos, y hablando a los amigos y conocidos aunque miren a otra parte.

1. «La planta de la media.»

2. «La funda de lienzo que ponemos sobre el pie debajo de la calza como la camisa debajo del jubón.» Covarrubias.

»Si nos come delante de algunas damas, tenemos trazas de rascarnos en público sin que se vea; si es en el muslo, contamos que vimos un soldado atravesado desde tal parte a tal parte, y señalamos con las manos aquellas que nos comen, rascándonos en vez de enseñarlas; si es en la iglesia, y como en el pecho, nos damos *sanctus* aunque esa en el *introibo*; levantámonos, y arrimándonos a una esquina, en son de empinarnos para ver algo, nos rascamos.

»¿Qué diré del mentir? Jamás se halla verdad en nuestra boca: encajamos duques y condes en las conversaciones, unos por amigos, otros por deudos, y advertimos que los tales señores o estén muertos o muy lejos. Y lo que más es de notar, que nunca nos enamoramos sino de *pane lucrando,* que veda la orden damas melindrosas, por lindas que sean; y así, siempre andamos en recuesta[1] con una bodeguera por la comida, con la huéspeda por la posada, con la que abre los cuellos por el que trae el hombre; y aunque comiendo tan poco y bebiendo tan mal no se puede cumplir con tantas, por su tanda todas están contentas.

»Quien ve estas botas mías, ¿cómo pensará que andan caballeras de las piernas en pelo, sin media ni otra cosa? Y quien viere este cuello, ¿por qué ha de pensar que no tengo camisa? Pues todo esto le puede faltar a un caballero, señor licenciado; pero cuello abierto y almidonado, no. Lo uno, porque así es gran ornato de la persona, y después de haberle vuelto de una parte a otra, es de sustento, porque se ceba el hombre en el almidón, chupándole con destreza. Y al fin, señor licenciado, un caballero de nosotros ha de tener más faltas que una preñada de nueve meses, y con esto vive en la corte. Ya se ve en prosperidad y con dinero, y ya se ve en el hospital; pero, en fin, se vive, y el que se sabe bandear es rey con poco que tenga.»

Tanto gusté de las extrañas maneras de vivir del hidalgo, y tanto me embebecí, que, divertido con ellas y con otras, me llegué a pie hasta Las Rozas, adonde nos quedamos aquella noche. Cenó conmigo el dicho hidalgo, que no traía blanca, y yo me hallaba obligado a sus avisos, porque con ellos abrí los ojos a muchas cosas, inclinándome a la chirle-

1. «Demanda de amores.»

ría.[1] Declaréle mis deseos antes que nos acostásemos; abrazóme mil veces, diciendo que siempre esperó habían de hacer impresión sus razones en hombre de tan buen entendimiento. Ofrecióme favor para introducirme en la corte con los demás cofrades del estafón, y posada en compañía de todos. Aceptéla, no declarándole que tenía los escudos que llevaba, sino hasta cien reales solos; los cuales bastaron, con la buena obra que le había hecho y hacía, a obligarle a mi amistad.

Compréle del huésped tres agujetas, atacóse, dormimos aquella noche, madrugamos y dimos con nuestros cuerpos en Madrid.

1. «Estafa» en germanía.

LIBRO SEGUNDO

CAPITULO PRIMERO

DE LO QUE ME SUCEDIO EN LA CORTE LUEGO QUE LLEGUE HASTA QUE ANOCHECIO

A las diez de la mañana entramos en la corte: fuimos a apear, de conformidad, en casa de los amigos de don Toribio. Llegamos a la puerta, y llamó: abrióle una vejezuela muy pobremente abrigada y muy vieja. Preguntó por los amigos, y respondió que habían ido a buscar. Estuvimos solos hasta que dieron las doce, pasando el tiempo él en animarme a la profesión de la vida barata, y yo en atender a todo. A las doce y media entró por la puerta una estantigua vestida de bayeta hasta los pies, más raída que su vergüenza. Habláronse los dos en germanía, de lo cual resultó darme un abrazo y ofrecérseme. Hablamos un rato, y sacó un guante con diez y seis reales, y una carta, con la cual —diciendo que era licencia para pedir para una pobre— los había allegado; vació el guante y sacó otro, y doblólos a usanza de médico. Yo le pregunté que por qué no se los ponía, y dijo que por ser entrambos de una mano, que era treta para tener guantes. A todo esto noté que no se desarrebozaba, y pregunté —como nuevo—, para saber la causa de estar siempre envuelto en la capa; a lo cual respondió: «Hijo, tengo en las espaldas una gatera, acompañada de un remiendo de lanilla y de una mancha de aceite; este pedazo de rebozo la cubre, y así se puede andar.» Desarrebozóse, y hallé que debajo de la sotana traía gran bulto; yo pensé que eran calzas, porque eran a modo de ellas, cuando él —para entrarse a espulgar— se arremangó, y vi que eran dos rodajas de cartón, que traía atadas a la cintura y encajadas a los muslos, de suerte que hacían apariencias debajo del luto, porque el tal no traía camisa ni gregüescos; que apenas tenía que espulgar según andaba desnudo. Entró al espulgadero, y volvió una tablilla, como las que ponen en las sacristías, que decía: «Espulgador hay»; porque no entrase otro. Grandes gracias di a Dios viendo cuánto dio a los hombres en darles industria, ya que les quitase riquezas. «Yo —dijo mi buen amigo— vengo del camino con mal de calzas; y así, me habré de recoger a remendar.» Preguntó si había algunos retazos; y la vieja —que recogía trapos dos días en la semana por las calles, como las que tratan en papel, para curar incurables cosas de los caballeros— dijo que no, y que por falta de trapos se estaba, quince días había, en la cama, de mal de ropilla, don Lorenzo Iñiguez del Pedroso.

En esto estábamos cuando vino uno con sus botas de camino y su vestido pardo, con un sombrero, prendidas las faldas por los dos lados: supo mi venida de[1] los demás, y hablóme con mucho afecto; quitóse la capa y traía —mire v. m. quién tal pensara— la ropilla de paño pardo la delantera, y la trasera de lienzo blanco, con sus fondos en sudor. No pude tener la risa; y él con gran disimulación dijo: «Haráse a las armas, y no se reirá; yo apostaré que no sabe por qué traigo este sombrero con la falda presa arriba.» Yo dije que por galantería y por dar lugar a la vista. «Antes por estorbarla —dijo—; sepa que es porque no tiene toquilla, y que así no lo echan de ver.» Y diciendo esto sacó más de veinte cartas y otros tantos reales, diciendo que no había podido dar aquéllas. Traía cada una un real de porte, y eran hechas por él mismo; ponía la firma de quien le parecía; escribía nuevas que inventaba a las personas más honradas, y dábales en aquel traje, cobrando los portes, y esto hacía cada mes: cosa que me espantó ver la novedad de la vida.

1. «Por.»

Entraron luego otros dos, el uno con una ropilla de paño larga hasta medio valón,[1] y su capa de lo mismo, levantando el cuello, por que no se viese el angeo,[2] que estaba roto. Los valones eran de chamelote,[3] mas no eran más de lo que se descubrían, y lo demás de bayeta colorada. Este venía dando voces con el otro, que traía valona por no traer cuello, y unos frascos por no traer capa, y una muleta, con una pierna liada en trapos y pellejos, por no tener más de una calza. Hacíase soldado, y habíalo sido, pero malo y en partes quietas; contaba extraños servicios suyos, y a título de soldado entraba en cualquier parte. Decía el de la ropilla y casi gregüescos: «La mitad me debéis, o por lo menos mucha parte. Si no me la dais, juro a Dios...» «No jure a Dios —dijo el otro—; que en llegando a casa no soy cojo, y os daré con esta muleta mil palos.» Si daréis, no daréis, y en los mentises acostumbrados, arremetió el uno al otro, y asiéndose, se salieron con los pedazos de los vestidos en las manos a los primeros estirones. Metímoslos en paz, y preguntamos la causa de la pendencia. Dijo el soldado: «¿A mí chanzas? No llevaréis ni medio. Han de saber vs. ms. que estando en San Salvador llegó un niño a este pobrete y le dijo que si era yo el alférez Juan de Lorenzana, y dijo que sí, atento a que le vio no sé qué cosa que traía en las manos. Llevómele, y dijo —nombrándome alférez—: "Mire v. m. qué le quiere este niño"; y como le entendí, dije que yo era. Recibí el recado, y con él doce pañizuelos; y respondí a su madre que los enviaba a alguno de aquel nombre. Pídeme ahora la mitad y antes me haré pedazos que tal dé; todos los han de romper mis narices.» Juzgóse la causa en su favor: sólo se le contradijo el sonar en ellos, mandándole que los entregase a la vieja para honrar la comunidad, haciendo de ellos unos remates de mangas que se viesen y representasen camisas, que el sonarse está vedado.

1. «Un cierto género de zaragüelles o de gregüescos a uso de los valones.» Covarrubias.

2. «Es una tela de estopa o lino basto que se trae de Francia o de Flandes...; de todas las telas, ninguna es más ancha.» Covarrubias. «Se trae comúnmente de la provincia de Anjou, en Francia.» *(Dicc. Aut.)*

3. «Tejido que antes se hacía primero con pelo de camello y después con pelo de cabra y lana.»

Llegó la noche; acostámonos tan juntos, que parecíamos herramienta en estuche. Pasóse la cena de claro en claro: no se desnudaron los más; que con acostarse como andaban de día cumplieron con el precepto de dormir en cueros.

CAPITULO II

EN QUE SE PROSIGUE LA MATERIA COMENZADA Y OTROS RAROS SUCESOS

Amaneció el Señor, y pusímonos todos en arma. Ya estaba yo tan hallado con ellos como si todos fuéramos hermanos, que esta felicidad y aparente dulzura se halla siempre en las cosas malas. Era de ver a uno ponerse la camisa de doce veces, dividida en doce trapos, diciendo una oración a cada uno, como sacerdote que se viste; a cuál se le perdía una pierna en los callejones de las calzas, y la venía a hallar adonde menos convenía, asomada; otro pedía guía para ponerse el jubón, y en media hora no se podía averiguar con él.

Acabado esto, que no fue poco de ver, todos empuñaron aguja e hilo para hacer un punteado en un rasgado y otro. Cuál para culcusirse debajo del brazo, estirándole se hacía L. Uno, hincado de rodillas, remedaba un cinco de guarismo: socorría a los cañones;[1] otro, por plegar las entrepiernas, metiendo la cabeza entre ellas se hacía un ovillo: ni pintó tan extrañas posturas Bosco como yo vi; porque ellos cosían, y la vieja les daba los materiales, trapos y arrapiezos[2] de diferentes colores, los cuales había traído el soldado. Acabóse la hora del remiendo —que así la llamaban ellos—, y

1. «Eran antiguamente un par de medias de seda que usaban los hombres, muy largas y ajustadas, de las cuales hacían unas arrugas en las piernas que servía de gala y era muy común entonces.» *(Dicc. Aut.)*

2. «El pedazo que cuelga, por estar roto y hecho jiras el vestido.» *(Dicc. Aut.)*

fuéronse mirando unos a otros lo que quedaba mal parado. Determinaron de irse fuera, y yo dije que quería trazasen mi vestido, porque quería gastar los cien reales en uno, y quitarme la sotana. «Eso no —dijeron ellos—; el dinero que dé al depósito, y vistámosle de lo reservado luego, y señalémosle su diócesis en el pueblo, adonde él sólo busque y apolille.»

Parecióme bien: deposité el dinero, y, en un instante, de la sotana me hicieron ropilla de luto de paño, y acortando el herreruelo, quedó bueno. Lo que sobró de él trocaron a un sombrero viejo reteñido; pusiéronle por toquilla unos algodones de tintero muy bien puestos. El cuello y los valones me quitaron, y en su lugar me pusieron unas calzas atacadas con cuchilladas no más de por delante; que lados y traseras eran unas camuzas. Las medias calzas de seda aun no eran medias, porque no llegaban más de cuatro dedos más abajo de la rodilla, los cuales cuatro dedos cubría una bota justa sobre la media colorada que yo traía. El cuello estaba todo abierto, de puro roto; pusiéronmele, y dijeron: «El cuello está trabajoso por detrás y por los lados. V. m., si le mirase uno, ha de ir volviéndose con él, como la flor del sol; si fueren dos y miraren por los lados, saque pies, y para los de atrás traiga siempre el sombrero caído sobre el cogote, de suerte que la falda cubra el cuello y descubra toda la frente; y al que preguntare que por qué anda así, respóndale que porque puede andar con la cara descubierta por todo el mundo.» Diéronme una caja con hilo negro y blanco, seda, cordel y aguja, dedal, paño, lienzo, raso y otros retacillos y un cuchillo; pusiéronme una esquela en la pretina, yesca y eslabón en una bolsa de cuero, diciendo: «Con esta caja puede ir por todo el mundo, sin haber menester amigos ni deudos: en ésta se encierra todo remedio: tómela y guárdela.» Señaláronme por cuartel para buscar mi vida el de San Luis; y así empecé mi jornada, saliendo de casa con los otros; aunque por ser nuevo me dieron —para empezar la estafa, como a misacantano— por padrino el mismo que me trajo y convirtió.

Salimos de casa con paso tardo, los rosarios en la mano; tomamos el camino para mi barrio señalado; a todos hacíamos cortesías; a los hombres quitábamos el sombrero, deseando hacer lo mismo a sus capas; a las mujeres hacíamos reverencias, que se huelgan con ellas, y las paternidades mucho más. A uno decía mi buen ayo: «Mañana me traen dinero»; a otro: «Aguárdeme v. m. un día que me trae en palabras el banco.» Cuál le pedía la capa, cuál le daba priesa por la pretina: en lo cual conocí que era tan amigo de sus amigos, que no tenía cosa suya. Andábamos haciendo culebra de una acera a otra, por no topar con casas de deudores. Ya le pedía uno el alquiler de la casa, otro el de la espada y otro el de las sábanas y camisas: de manera que eché de ver que era caballero de alquiler, como mula. Sucedió, pues, que vio desde lejos un hombre, que le sacaba los ojos —según dijo— por una deuda, mas no podía[1] el dinero; y por que no le conociese soltó detrás de las orejas el cabello, que traía recogido, y quedó nazareno entre verónico y caballero lanudo; plantóse un parche en un ojo, y púsose a hablar italiano conmigo. Esto pudo hacer mientras el otro venía, que aún no le había visto, por estar ocupado en chismes con una vieja. Digo de verdad que vi al hombre dar vueltas alrededor, como perro que se quería echar; hacíase más cruces que un ensalmador, y fuése diciendo: «¡Jesús, pensé que era él! A quien hueyes ha perdido...», etc.[2] Yo moríame de risa de ver la figura de mi amigo; entróse en un soportal a recoger la melena y el parche, y dijo: «Estos son los aderezos de entregar deudas. Aprended, hermano, que veréis mil cosas de éstas en este pueblo.»

Pasamos adelante, y en una esquina, por ser de mañana, tomamos dos tajadas de letuario[3] y aguardiente de una picarona, que nos dio de gracia, después de dar el bienvenido a mi adestrador. Y díjome: «Con esto vaya el hombre descuidado de comer hoy; por lo menos esto no puede faltar.» Afligíme yo, considerando que aún teníamos en duda la comida y replicóme: «Poca fe tienes con la religión y orden de los caminos. No falta el Señor a los cuervos ni a los grajos, ni aun a los escribanos, ¿y había de faltar a los traspi-

1. «No podía sacarle.»
2. *A quien bueyes ha perdido, cencerros se le antojan.*
3. «Preparación farmacéutica, de consistencia de miel, hecha con polvos, pulpa, extractos y jarabes, que se usaba como desayuno.» *(Diccionario Acad., s. v. electuario.)*

llados? Poco estómago tienes.» «En verdad —dije—; pero temo mucho tener menos y nada en él.»

En esto estábamos y dio un reloj las doce, y como yo era nuevo en el trato, no les cayó en gracia a mis tripas el letuario; y tenía hambre como si tal no hubiera comido. Renovada, pues, la memoria, volvíme al amigo y dije: «Hermano, éste de la hambre es recio noviciado. ¡Estaba hecho el hombre a comer más que un sabañón, y hanme metido a vigilias! Si vos no la tenéis no es mucho, que criado con hambre desde niño —como el otro rey con ponzoña— os sustentáis con ella. No os veo hacer diligencia vehemente para mascar; y así, yo determino de hacer la que pudiere.» «¡Cuerpo de Dios —replicó— con vos!, pues dan ahora las doce. ¿Y tanta priesa? Tenéis muy puntuales ganas y ejecutivas, y han menester llevar en paciencia algunas pagas atrasadas. ¡No sino comer todo el día! ¿Qué más hacen los animales? No se escribe que jamás caballero nuestro haya tenido cámaras; que antes de puro mal proveídos, no nos proveemos. Ya os he dicho que a nadie falta Dios; y a tanta priesa tenéis, yo me voy a la sopa de San Jerónimo, adonde hay aquellos frailes de leche como capones, y allí haré el buche. Si vos queréis seguirme, venid; y si no, cada uno a sus aventuras.» «Adiós —dije yo—, que no son tan cortas mis faldas que se hayan de suplir con sobras de otros; cada uno eche por su calle.» Mi amigo iba pisando tieso y mirándose a los pies; sacó unas migajas de pan que traía para el efecto siempre en una cajuela, y derramóselas por la barba y vestidos, de suerte que parecía haber comido. Yo iba tosiendo y escarbando por disimular mi flaqueza, limpiándome los bigotes, arrebozado y la capa sobre el hombro izquierdo, jugando con el decenario, que lo era por no tener más de diez cuentas. Todos los que me veían me juzgaban por comido; y si fuera de piojos, no erraran.

Iba yo fiado en mis escudillos, aunque me remordía la conciencia de ser contra la orden comer a sus costas quien vive de tripas horras en el mundo; ya iba determinado a quebrar el ayuno. Llegué con esto a la esquina de la calle de San Luis, adonde vivía un pastelero; asomábase uno de a ocho tostado, y con el resuello del horno tropezóme en las narices, y al instante me quedé —del modo que andaba— como perro perdiguero: puestos en él los ojos, le miré con tanto ahínco, que se secó el pastel como un aojado. Allí eran de contemplar las trazas que yo daba para hurtarle; resolvíame otra vez a pagarlo. En esto me dio la una; angustiéme de manera que me determiné de zamparme en un bodegón. Yo, que iba haciendo punta a uno, Dios que lo quiso, topo con un licenciado Flechilla, amigo mío, que venía haldeando por la calle abajo, con más barros que la cara de un sanguino, y tantos rabos, que parecía un chirrión; arremetió a mí en viéndome —que según estaba, fue mucho conocerme—. Yo le abracé; preguntóme cómo estaba; díjele luego: «Señor licenciado, ¡qué de cosas tengo que contarle! Sólo me pesa que me he de ir esta noche.» «Eso me pesa a mí, y si no fuera tarde, e ir con prisa a comer, me detuviera, porque me aguarda una hermana casada y su marido.» «¿Que aquí está mi señora Ana? Aunque lo deje todo, vamos; que quiero hacer lo que estoy obligado.»

Abrí los ojos en oyendo que no había comido; fuime con él, y empecéle a contar que una mujercilla —que él había querido mucho en Alcalá— sabía yo dónde estaba, y que le podía dar entrada en su casa. Pegósele luego al alma el envite, que fue industria tratarle de cosas de gusto. Llegamos tratando en ello a su casa: entramos; yo me ofrecí mucho a su cuñado y hermana; y ellos, no persuadiéndome otra cosa sino a que yo venía con cuidado por venir a tal hora, comenzaron a decir que si lo supieran que habían de tener tan buen huésped, que hubieran prevenido algo. Yo cogí la ocasión y convidéme, diciendo que era de casa y amigo viejo, y que se me hiciera agravio en tratarme con cumplimientos. Sentáronse y sentéme; y porque el otro lo llevase mejor —que ni me había convidado ni le pasaba por la imaginación—, de rato en rato le pegaba con la mozuela, diciendo que me había preguntado por él, y que le tenía en el alma, y otras mentiras de este modo; con lo cual llevaba mejor el verme engullir, porque tal destrozo como yo hice en el ante,[1] no lo hiciera una bala en el de un

1. «El pincipio o principios que se sirven en la comida, como en el pupilaje está obligado el bachiller de pupilas a dar, fuera de la porción de carne, su ante y pos.» Covarrubias.

coleto. Vino la olla, y comímela en dos bocados casi toda, sin malicia; pero con priesa tan fiera, que parecía que aun entre los dientes no la tenía bien segura. Dios es mi padre, que no come un cuerpo más presto el montón de la Antigua de Valladolid —que le deshace en veniticuatro horas—, que yo despaché el ordinario,[1] pues fue con más priesa que un extraordinario correo. Ellos bien debían notar los fieros tragos del caldo y el modo de agotar la escudilla, la persecución de los huesos y el destrozo de la carne; y si va a decir verdad, entre burla y juego empedré la faldriquera de mendrugos. Levantóse la mesa, apartámonos yo y el licenciado a hablar de la ida en casa de la dicha, la cual le facilité mucho, y estando hablando con él a una ventana hice que me llamaban de la calle y dije: «¿A mí, señor? Ya bajo.» Pedíle licencia, diciendo que luego volvería; quedóme aguardando hasta hoy, que desaparecí por lo del pan comido y la compañía deshecha. Topóme otras muchas veces, y disculpéme con él, contándole mil embustes, que no importan para el caso.

Fuime por las calles de Dios, llegué a la puerta de Guadalajara, y sentéme en un banco de los que tienen a sus puertas los mercaderes; quiso Dios que llegaron a la tienda dos —de las que piden prestado sobre sus caras— tapadas de medio ojo, con su vieja y pajecillo. Preguntaron si había algún terciopelo de labor extraordinaria; yo empecé luego, para trabar conversación, a jugar del vocablo del tercio y pelado, y pelo, y apelo, y pospelo, y no dejé hueso sano a la razón. Sentí que les había dado mi libertad algún seguro de algo de la tienda; y como quien aventuraba a no perder nada, ofrecílas lo que quisiesen. Regatearon, diciendo que no tomaban de quien no conocían. Yo me aproveché de la ocasión diciendo que había sido atrevimiento ofrecerles nada; pero que me hiciesen merced de aceptar unas telas que me habían traído de Milán, que a la noche llevaría un paje —que les dije que era mío por estar enfrente aguardando a su amo, que estaba en otra tienda, por lo cual estaba descaperuzado—. Y para que me tuviesen por hombre de partes y conocido, no hacía sino quitar el

1. «El gasto que uno tiene para su casa cada día.» Covarrubias.

sombrero a todos los oidores y caballeros que pasaban; y sin conocer a ninguno, les hacía cortesía, como si los tratara familiarmente. Ellas juzgaron con esto, y con un escudo de oro que yo saqué de los que traía, con achaque de dar limosna a un pobre que me la pidió, que yo era un gran caballero. Parecióles irse, por ser ya tarde, y así me pidieron licencia, advirtiéndome con el secreto que había de ir el paje. Yo las pedí por favor, y como en gracia, un rosario engarzado en oro que llevaba la más bonita de ellas, en prendas de que las había de ver a otro día sin falta. Regatearon dármele; yo les ofrecí en prenda los cien escudos, y dijéronme su casa; y con intento de estafarme en más, se fiaron de mí, y preguntáronme la posada, diciéndome que no podía entrar paje en la suya a todas horas, por ser gente principal. Yo las llevé por la calle Mayor, y al entrar en la de las Carretas escogí la casa que mejor y más grande me pareció, que tenía un coche sin caballos a la puerta; y díjeles que aquélla era, y que allí estaba ella, el coche y dueño para servirlas. Nombréme don Alvaro de Córdoba, y entréme por la puerta delante de sus ojos. Y acuérdome que cuando salimos de la tienda, llamé uno de los pajes —con grande autoridad— con la mano; hice que le decía que se quedasen todos y que me aguardasen allí; y verdad es que le pregunté si era criado del comendador mi tío. Dijo que no; y con tanto, acomodé los criados ajenos como buen caballero.

Llegó la noche oscura, acogímonos a casa todos. Entré y hallé al soldado de los trapos con una hacha de cera que le dieron para que acompañase a un difunto, y se vino con ella. Llamábase éste Magazo, que era natural de Olías, había sido capitán en una comedia, y se había combatido con moros en una danza. Cuando hablaba con los de Flandes, decía que había estado en la China, y a los de la China, en Flandes. Trataba de formar un campo, y nunca supo sino espulgarse en él; nombraba castillos, y apenas los había visto en los ochavos. Celebraba mucho la memoria del señor don Juan, y oírle decir yo muchas veces de Luis Quijada que había sido honra de amigos. Nombraba turcos, galeones y capitanes, todos los que había leído en unas copias que andaban de esto, y como él no sabía nada de mar —porque no tenía nada de naval más que comer nabos—, dijo, contando la batalla que había vencido el señor don Juan en Lepanto, que aquel Lepanto fue un moro muy bravo. Como no sabía el pobrete qué era hombre de mar, pasábamos con él lindos ratos. Entró luego mi compañero, deshechas las narices y toda la cabeza entrapajada, lleno de sangre y muy sucio. Preguntámosle la causa, y dijo que había ido a la sopa de San Jerónimo, y que pidió porción doblada, diciendo que era para unas personas honradas y pobres. Quitáronselo a los otros mendigos para dárselo, y ellos, con el enojo, siguiéronle, y vieron que en un rincón detrás de la puerta estaba sorbiendo con gran valor. Sobre si era bien hecho engañar por engullir y quitar a otros para sí, se levantaron las voces y tras ellas palos, y tras los palos, chichones y tolondrones en su pobre cabeza. Embistiéronle con los jarros, y el daño de las narices se le hizo uno con una escudilla de madera que se la dio a oler con más priesa que convenía. Quitáronle la espada; a las voces salió el portero, y aún no los podía meter en paz. En fin, se vio en tanto peligro el pobre hermano, que decía: «Yo volveré lo que he comido», y aún no bastaba, porque ya no reparaba sino en que pedía para otros, y no se preciaba de sopón. «¡Miren el todo trapos como muñeca de niños, más triste que pastelería en Cuaresma, con más agujeros que una flauta, y más remiendos que una pía, y más manchas que un jaspe, y más puntos que un libro de música —decía un estudiantón de éstos de la capacha, gorronazo—; que hay hombre en la sopa del bendito santo que puede ser obispo u otra cualquiera dignidad, y se afrenta un don Peluche de comer! Graduado soy de bachiller en artes por Sigüenza.» Metióse el portero de por medio, viendo que el vejezuelo que allí estaba decía que, aunque acudía al brodio, era descendiente del Gran Capitán, y que tenía deudos.

Aquí lo dejo, porque el compañero estaba ya fuera desaprensando los huesos.

CAPITULO III

EN QUE PROSIGUE LA MISMA MATERIA, HASTA DAR CON TODOS EN LA CARCEL

Entró Merlo Díaz, hecha la pretina una sarta de búcaros y vidrios, los cuales, pidiendo de beber en los tornos de las monjas, había agarrado con poco temor de Dios. Mas sacóle de la puja don Lorenzo del Pedroso, el cual entró con una capa muy buena, la cual había trocado en una mesa de trucos a la suya, que no se la cambiara pelo a pelo, al que la llevó, por ser desbardada. Usaba éste quitarse la capa, como que quería jugar, y ponerla con las otras, y luego —como que no hacía partido— iba por su capa y tomaba la que mejor le parecía y salíase. Usábalo en los juegos de argolla y bolos. Mas todo fue nada para ver entrar a don Cosme cercado de muchachos con lamparones, cáncer y lepra, heridos y mancos; el cual se había hecho ensalmador con unas santiguaderas y oraciones que había aprendido de una vieja. Ganaba éste por todos, porque si el que venía a curarse no traía bulto debajo de la capa, no sonaba dinero en la faldriquera o no piaban algunos capones, no había lugar. Tenía asolado medio reino; hacía creer cuanto quería, porque no ha nacido tal artífice en el mentir; tanto, que aun por descuido no decía verdad. Hablaba del Niño Jesús; entraba en las casas con *Deo gratias;* decía lo del «Espíritu Santo sea con todos». Traía todo ajuar de hipócrita: un rosario con unas cuentas frisonas; al descuido hacía que se le viese por debajo de la capa un trozo de disciplina salpicada con sangre de narices; hacía creer —concomiéndose— que los piojos eran cilicios, y que la hambre canina era ayuno voluntario; contaba tentaciones; en nombrando al demonio, decía: «Dios nos libre y nos guarde»; besaba la tierra al entrar en la iglesia; llamábase indigno; no levantaba los ojos a las mujeres, pero las faldas sí. Con estas cosas traía el pueblo tal, que se encomendaban a él, y era propiamente como encomendarse al diablo; que a más de ser jugador, era *cierto* —así se llama el que por mal nombre *fullero*—. Juraba el nombre de Dios unas veces en vano y otras en vacío. Pues en lo que toca a mujeres, tenía seis hijos y preñadas dos santeras. Al fin, de los mandamientos de Dios, los que no quebraba, hendía.

Vino Polanco haciendo gran ruido, y pidió saco pardo, cruz grande, barba larga postiza y campanilla. Andaba de noche de esta suerte, diciendo: «Acordáos de la muerte y haced bien por las ánimas, etc.» Con esto cogía mucha limosna, y entrábase en las casas que veía abiertas, y si no había testigos ni estorbo, robaba cuanto topaba; si le hallaban, tocaba la campanilla y decía —con una voz que él fingía muy penitente: «Acordaos hermanos, etc.»

Todas estas trazas de hurtar y modos extraordinarios conocí, por espacio de un mes, en ellos. Volvamos ahora a que les enseñé el rosario y conté el cuento. Celebraron mucho la traza, y recibióle la vieja por su cuenta y razón para venderle; la cual iba por las casas diciendo que era de una doncella pobre, y que se deshacía de él para comer, y ya tenía para cada cosa su embuste y su trapaza. Lloraba la vieja a cada paso; enclavijaba las manos y suspiraba de lo amargo; llamaba hijos a todos; traía —encima de muy buena camisa, jubón, ropa, saya y manteo— un saco de sayal roto, de un amigo ermitaño que tenía en las cuestas de Alcalá. Esta gobernaba el hato, aconsejaba y encubría. Quiso, pues, el diablo —que nunca está ocioso en cosas tocantes a sus siervos— que, yendo a vender uno no sé qué ropa y otras cosillas a una casa, conoció uno no sé qué hacienda suya; trajo un alguacil, y agarráronme a la vieja, que se llamaba madre Lebrusca. Y confesó luego todo el caso, y dijo cómo vivíamos todos, y que éramos caballeros de rapiña.

Dejóla el alguacil en la cárcel, y vino a casa, y halló en ella a todos mis compañeros, y a mí con ellos. Traía media docena de corchetes —verdugos de a pie—, y dio con todo el colegio buscón en la cárcel, adonde se vio en gran peligro la caballería.

CAPITULO IV

EN QUE SE DESCRIBE LA CARCEL Y LO QUE SUCEDIO EN ELLA HASTA SALIR LA VIEJA AZOTADA, LOS COMPAÑEROS A LA VERGUENZA Y YO EN FIADO

Echáronnos a cada uno en entrando dos pares de grillos, y sumiéronnos en un calabozo. Yo, que me vi ir allá, aprovécheme del dinero que traía conmigo, y sacando un doblón, dije al carcelero: «Señor, óigame v. m. en secreto.» Y para que lo hiciese, dile escudo con cara, y en viéndolo me apartó. «Suplícole a v. m. —le dije— que se duela de un hombre de bien.» Busquéle las manos, y como sus palmas estaban hechas a llevar semejantes dátiles, cerró con los dichos veinte y cuatro, diciendo: «Yo averiguaré la enfermedad, y si no es urgente, bajará al cepo.» Yo conocí la desdicha, y respondíle humilde. Dejóme fuera, y a los amigos descolgáronlos abajo.

Dejo de contar la risa tan grande que en la cárcel y por las calles había con nosotros; porque, como nos traían atados y a empellones, unos sin capas y otros con ellas arrastrando, eran de ver unos cuerpos píos recomendados, y otros aloques de tinto y blanco. Aquél, por asirle de alguna parte segura —por estar todo tan manido—, le agarraba el corchete de las puras carnes, y aun no hallaba de qué asir, según los tenía roídos la hambre. Otros iban dejando a los corchetes en las manos los pedazos de ropillas y gregüescos. Al quitar la soga en que venían ensartados, se salían pegados los andrajos. Al fin, yo fui —llegada la noche— a dormir en la sala de los linajes. Diéronme mi camilla. Era de ver dormir algunos envainados, sin quitarse nada de lo que traían de día; otros desnudarse de un golpe todo cuanto traían encima; cuáles jugaban. Y, al fin, cerrados, se mató luz.

Olvidamos todos los grillos; estaba el servicio a mi cabecera, y a la media noche no hacían sino venir presos y soltar presos. Yo, que oí el ruido, al principio —pensando que eran truenos— empecé a santiguarme y llamar a Santa Bárbara; mas viendo que olían mal, eché de ver que no eran truenos de buena casta. Olían tanto, que por fuerza detenía las narices en la cama; unos traían cámaras y otros aposentos. Al fin, yo me vi forzado a decirles que mudaran a otra parte el vidriado, y sobre si le viene muy ancho, o no, tuvimos palabras. Usé el oficio de adelantado, que es mejor serlo de un cachete que de Castilla, y metíle a uno media pretina en la cara. El, por levantarse a priesa, derramóle, y al ruido despertó el concurso. Asábamonos allí a pretinazos a oscuras, y era tanto el olor, que hubieron de levantarse todos. Con esto se alzaron grandes gritos, y el alcaide, sospechando que se le iban algunos vasallos, subió corriendo, armado, con toda su cuadrilla. Llegó, abrió la sala, entró luz e informóse del caso. Condenáronme todos; yo me disculpaba con decir que en toda la noche me habían dejado cerrar los ojos a puro abrir los suyos. El carcelero, pareciéndole que por no dejarme zabullir en el horado[1] le daría otro doblón, asió del caso y mandóme bajar allí. Determinéme a consentir, antes que a pellizcar el talego más de lo que estaba. Fui llevado abajo, donde me recibieron con albórbola[2] y placer los amigos.

Dormí aquella noche algo desabrigado. Amaneció el Señor, y salimos del calabozo. Vímonos las caras, y lo primero que nos fue notificado fue dar para la limpieza —y no de la Virgen sin mancilla—, so pena de culebrazo[3] fino. Yo

1. «Calabozo.»
2. «Gritos de alegría.»
3. Burla pesada que los presos hacen al preso que ha entrado de nuevo, la cual se reduce a darle muchos latigazos... y todos se quejan a un tiempo, para hacer entender al dolorido que no es sólo el que lleva aquella penitencia.» *(Dicc. Aut.)*

di luego seis reales; mis compañeros no tenían qué dar y así quedaron remitidos para la noche. Había en el calabozo un mozo tuerto, alto, abigotado, mohíno de cara, cargado de espaldas y de azotes en ellas; traía más hierro que Vizcaya, dos pares de grillos y una cadena de portada. Llamábanle el Jayán; decía que estaba preso por cosas de aire, y así, sospeché yo era por algunos fulles, chirimías o abanicos. Y a los que le preguntaban si era por algo de esto, respondí que no, sino por pecados de atrás, y pensé que por cosas viejas quería decir, y al fin averigüé que por p... Cuando el alcaide le reñía por alguna travesura, le llamaba botiller del verdugo y depositario general de culpas. Otras veces le amenazaba diciendo: «¿Qué te arriesgas, pobrete, con el que ha de hacer humo? Dios es Dios, que te vendimie el camino.» Había confesado éste, y era tan maldito, que traíamos todos con carlancas las traseras como mastines, y no había quien osase ventosear de miedo de acordarle dónde tenía las asentaderas. Este hacía amistad con otro que llamaban Robledo, y por otro nombre el Trepado. Decía que estaba preso por liberalidades, y apurado era de manos en pescar lo que topaba. Había sido más azotado que postillón, porque todos los verdugos habían probado la mano en él. Tenía la cara con tantas cuchilladas, que, a descubrirse puntos, no se la ganara un flux. Tenía nones las orejas y pegadas las narices, aunque no tan bien como la cuchillada que se las partía. A éstos se llegaban otros cuatro hombres —rampantes como leones de armas—, todos agrillados y condenados al hermano de Rómulo. Decían ellos que presto podrían decir que habían servido a su rey por mar y por tierra. No se podría creer la notable alegría con que aguardaban su despacho.

Todos éstos, mohínos de ver que mis compañeros no contribuían, ordenaron a la noche de darles culebrazo bravo con una soga dedicada al efecto. Vino la noche, fuimos ahuchados a la postrera faldriquera de la casa; mataron la luz; yo metíme luego debajo de la tarima. Empezaron a silbar dos de ellos, y otro a dar sogazos. Los buenos caballeros, que vinieron al negocio de revuelta, se apretaron de manera las carnes ayunas, cenadas, comidas y almorzadas de sarna y piojos, que cupieron todos en un resquicio de la tarima; estaban como liendres en cabellos o chinches en cama. Sonaban los golpes en la tabla; callaban los dichos. Los bellacos, viendo que no se quejaban, dejaron el dar azotes, y empezaron a tirar ladrillos, piedras y cascotes que tenían recogido. Allí fue ella, que uno le halló el cogote a don Toribio, y le levantó una pantorrilla en él de dos dedos. Comenzó a dar voces que le mataban. Los bellacos, porque no se oyesen sus aullidos, cantaban todos juntos y hacían ruido con las prisiones. El, por esconderse, asió de los otros para meterse debajo. Allí fue el ver cómo con la fuerza que hacían les sonaban los huesos como tablillas de San Lázaro. Acabaron su vida las rojillas; no quedaba andrajo en pie; menudeaban tanto las piedras y cascotes, que dentro de poco tiempo tenía el dicho don Toribio más golpes[1] en la cabeza que una ropilla abierta. Y no hallando ningún remedio contra el granizo que sobre él llovía, viéndose cerca de morir mártir —sin tener cosa de santidad ni aun de bondad—, dijo que le dejasen salir, que él pagaría luego y daría sus vestidos en prendas. Consintiéronselo, y a pesar de los otros que se defendían con él, descalabrado y como pudo se levantó y pasó a mi lado. Los otros, por presto que acordaron a prometer lo mismo, ya tenían las chollas con más tejas que pelos. Ofrecieron, para pagar la patente, sus vestidos, haciendo cuenta que era mejor estarse en la cama por desnudos que por heridos; y así, aquella noche los dejaron estar, y a la mañana les pidieron que se desnudasen. Desnudáronse, y se halló que todos sus vestidos juntos no se podía hacer una mecha a un candil. Quedáronse en la cama, digo envueltos en una manta, la cual era la que llaman ruana, que es donde se espulgan todos. Empezaron luego a sentir su abrigo, porque había piojo con hambre canina, y otro que en un bocado de uno de ellos quebraba ayuno de ocho días; habíalos frisones, y otros que se podían echar a la oreja de un toro. Pensaron aquella mañana ser almorzados de ellos; quitáronse la manta, maldiciendo su fortuna, deshaciéndose a puras uñadas. Yo me salí del calabozo diciendo que me perdonasen si no les hacía mucha compañía, porque importaba el no hacérsela.

1. «Se llaman las portezuelas que se echan en las casacas, chupas y otros vestidos y sirven de cubrir y tapar los bolsillos.» *(Dicc. Aut.)*

Torné a repasar las manos al carcelero con tres de a ocho, y sabiendo quién era el escribano de la causa, enviéle a llamar con un picarillo. Vino, metíle en un aposento, empecéle a decir —después de haber tratado la causa— cómo yo tenía no sé qué dinero; supliquéle que me lo guardase, y que en lo que hubiese lugar favoreciese la causa de un hijodalgo desgraciado que por engaño había incurrido en tal delito. «Crea v. m. —dijo, después de haber pescado la mosca— que en nosotros está todo el juego, y que si uno da en no ser hombre de bien, puede hacer mucho mal. Más tengo yo en galeras por mi gusto, que hay letras en el proceso. Fíese de mí, y crea que le sacaré a paz y a salvo.»

Fuese con esto y volvióse desde la puerta a pedirme algo para el buen Diego García el alguacil, que importaba el acallarle con mordaza de plata, y apuntóme no sé qué del relator para ayuda de comerse cláusula entera. Dijo: «Un relator, señor, con arquear las cejas, levantar la voz, dar una patada para hacer atender al alcaide divertido —que las más de las veces lo están— hacer una acción destruye un cristiano.» Dime por entendido, y añadí otros cincuenta reales, y en pago me dijo que enderezase el cuello de la capa y dos remedios para el catarro que tenía de la frialdad de la cárcel, y últimamente me dijo: «Ahorre de pesadumbre, que con ocho reales que dé al alcaide, le aliviará; que ésta es gente que no hace virtud si no es por interés.» Cayóme en gracia la advertencia. Al fin, él se fue, y yo di al carcelero un escudo; quitóme los grillos; dejábame entrar en su casa.

Tenía una ballena por mujer, y dos hijas del diablo, feas y necias, y de la vida, a pesar de sus caras. Sucedió que el carcelero —que se llamaba Tal Blandones de San Pablo y la mujer doña Ana Moráez— vino a comer, estando yo allí, muy enojado y bufando; no quiso comer. La mujer, recelando alguna gran pesadumbre, se llegó a él y le enfadó tanto con las acostumbradas importunidades, que dijo: «¿Qué ha de ser, si el bellaco ladrón de Almendros, el aposentador, me ha dicho —teniendo palabras con él sobre arrendamiento— que vos no sois limpia?»[1] «¿Tantos rabos

1. «Que no desciende de moros ni judíos.»

me ha quitado el bellaco? —dijo ella—. Por el siglo de mi abuelo, que no sois hombre, pues no le pelaste las barbas. ¿Llamo yo a sus criados que me limpien?» Y volviéndose a mí, dijo: «Vale Dios que no me podrá decir judía como él, que de cuatro cuartos que tiene, los dos son de villano, y los otros ocho maravedís, de hebreo. A fe, señor don Pablos, que si le oyera, que yo le acordara que tiene las espaldas en el aspa[1] de San Andrés.» Entonces muy afligido el alcaide, replicó: «¡Ay, mujer!, que callé porque dijo que en ésa teníais vos dos o tres madejas; que lo sucio no lo dijo por lo puerco, sino por el no le comer.» «¿Luego judía dijo que era? ¿Y con esa paciencia lo decís, buenos tiempos?[2] ¿Así sentís la honra de doña Ana Moráez, hija de Estefanía Rubio y Juan de Madrid, que sabe Dios y todo el mundo?» «¿Cómo hija —dije yo—, de Juan de Madrid?» «De Juan de Madrid —respondió ella—, el de Auñón. Voto a N. que el ballaco que tal dijo es un judío, p... y cornudo.» Y volviéndome a ella, dije: «Juan de Madrid, mi señor, que esté en el cielo, fue primo hermano de mi padre, y daré yo probanza de quién es y cómo, y esto me toca a mí, y si salgo de la cárcel, yo le haré desdecir cien veces al bellaco; ejecutoria tengo en el pueblo tocante a entrambos con letras de oro.» Alegráronse mucho todos con el nuevo pariente, y cobraron ánimo con lo de la ejecutoria; y ni yo la tenía ni sabía quiénes eran. Comenzó el marido a quererse informar del parentesco por menudo, y porque no me cogiese en mentira hice que me salía de enfado, votando y jurando. Tuviéronme, diciendo que no se tratase ni pensase más en ello. Yo de rato en rato, salía, muy al descuido, diciendo: «¡Juan de Madrid! Burlando es la pobreza que tengo yo suya.» Otras veces decía: «¡Juan de Madrid el mayor! Su padre de Juan de Madrid fue casado con Juana de Acebedo, la gorda»; y callaba otro poco.

Al fin, con estas cosas, el alcaide me daba de comer y cama en su casa, y el buen escribano —solicitado de él

1. «La cruz de paño o bayeta colorada que en el capotillo amarillo del mismo material manda poner el Santo Oficio... a los reconciliados con la Iglesia, en penitencia.» *(Dicc. Aut.)*

2. «Se llaman aquellos que son felices y prósperos... y por reprehensión con ironía se aplica a los relajados y malos.» *(Dicc. Aut.)*

y cohechado con el dinero— lo hizo tan bien, que sacaron la vieja delante de todos en un palafrén pardo, a la brida, con un músico de culpas[1] delante. Era el pregón éste: «A esta mujer por ladrona.» Llevávale el compás en las costillas el verdugo, según lo que le habían recetado los señores de los ropones.[2] Luego seguían todos mis compañeros en los overos de echar agua,[3] sin sombreros y las caras descubiertas. Sacábanlos a la vergüenza, y cada uno, de puro roto, llevaba la suya de fuera. Desterrándolos por seis años; yo salí en fiado por virtud del escribano, y el relator no se descuidó, porque mudó tono, habló quedo, brincó razones y mascó cláusulas enteras.

1. «Pregonero.»
2. «Oidores o jueces.»
3. «Caballos de portear agua.»

CAPITULO V

DE COMO TOME POSADA Y LA DESGRACIA QUE ME SUCEDIO EN ELLA

Salí de la cárcel, halléme solo y sin los amigos; aunque me avisaron que iban camino de Sevilla a costa de la caridad, no los quise seguir. Determinéme de ir a una posada, donde hallé una moza rubia y blanca, miradora, alegre, a veces entremetida y a veces entresacada y salida.[1] Ceceaba un poco, tenía miedo a los ratones, preciábase de manos, y, por enseñarlas, siempre despabilaba las velas; partía la comida en la mesa; en la iglesia siempre tenía puestas las manos; por las calles iba enseñando qué casa era de uno y cuál de otro; en el estrado, de continuo tenía un alfiler que prender en el tocado; si se jugaba a algún juego, era siempre el de pizpirigaña,[2] por ser cosa de mostrar las manos; hacía que bostezaba, adrede, sin tener gana, por mostrar los dientes y hacer cruces en la boca. Al fin, toda la casa tenía ya tan manoseada, que enfadaba ya a sus mismos padres. Hospedáronme muy bien en su casa, porque tenía trato de alquilarla, con muy buena ropa, a tres moradores: fui el uno yo, el otro un portugués, y un catalán. Hiciéronme muy buena acogida. A mí no me pareció mal la moza para el deleite, y lo otro la comodidad de hallármela en casa. Di en poner en ella los ojos; contábales cuentos que yo tenía estudiados para entretener; traíales nuevas, aunque

1. Descarada.
2. Juego de niños.

nunca las hubiese; servíales en todo lo que era de balde. Díjelas que sabía encantamentos y que era nigromante, y que haría que pareciese que se hundía la casa y que se abrasaba, y otras cosas que ellas —como buenas creederas— tragaron. Granjeé una voluntad en todos agradecida, pero no enamorada, que, como no estaba tan bien vestido como era de razón —aunque ya me había algo mejorado de ropa por medio del alcaide, a quien visitaba siempre, conservando la sangre[1] a pura carne y pan que le comía—, no hacían de mí el caso que era justo.

Di, para acreditarme de rico que lo disimulaba, en enviar a mi casa amigos a buscarme cuando no estaba en ella. Entró uno el primero preguntando por el señor don Ramiro de Guzmán, que así dije que era mi nombre, porque los amigos me habían dicho que no era de costa el mudarse los nombres, antes muy útil. Al fin preguntó por don Ramiro un hombre de negocios, rico, que hizo ahora dos asientos[2] con el rey. Desconociéronme en esto las huéspedas, y respondieron que allí no vivía sino un don Ramiro de Guzmán, más roto que rico, pequeño de cuerpo, feo de cara y pobre. «Ese es —replicó— el que yo digo, y no quisiera más renta al servicio de Dios que la que tiene de más de dos mil ducados.» Contóles otros embustes; quedaron espantadas, y él las dejó una cédula de cambio fingida que traía a cobrar en mí, de nueve mil escudos; díjoles que me la diesen para que la aceptase, y fuese. Creyeron la riqueza la niña y la madre, acotáronme luego para marido. Vine yo con gran disimulación, y en entrando me dieron la cédula, diciendo: «Dineros y amor mal se encubren, señor don Ramiro: ¿cómo que nos esconda v. m. quién es, debiéndonos tanta voluntad?» Yo hice como que me había disgustado por el dejar de la cédula, y fuime a mi aposento. Era de ver cómo, en creyendo que tenía dinero, me decían que todo me estaba bien. Celebraban mis palabras; no había tal donaire como el mío. Yo, que las vi cebadas, declaré mi voluntad a la muchacha, y ella me oyó contentísima, di-

1. «El parentesco.»

2. «Contrato u obligación de alguna cosa, como el asiento de negros, el asiento del tabaco.» *(Dicc. Aut.)*

ciéndome mil lisonjas. Apartámonos, y una noche, para confirmarlas más en mi riqueza, cerréme en mi aposento, que estaba dividido del suyo con un tabique muy delgado, y sacando cincuenta escudos, los conté tantas veces, que oyeron contar seis mil escudos. Fue esto de verme con tanto dinero, para ellas, todo lo que podía desear, porque se desvelaban para regalarme y servirme.

El portugués se llamaba *o senhor* Vasco de Meneses, caballero de la Cartilla, digo de Christus. Traía su capa de luto, botas, cuello pequeño y mostachos grandes. Ardía por doña Berenguela de Rebolledo, que así se llamaba; enamorábala sentándose a conversación y suspirando más que beata en sermón de Cuaresma. Cantaba mal, y siempre andaba apuntando con él el catalán, el cual era la criatura más triste y miserable que Dios crió. Comía a tercianas, de tres a tres días, y el pan tan duro, que apenas le podía morder un maldiciente. Pretendía, por lo bravo, y si no era poner huevos, no le faltaba otra cosa para ser gallina, porque cacareaba notablemente. Como vieron los dos que yo iba tan adelante, dieron en decir mal de mí. El portugués decía que era un piojoso, pícaro, desarropado; el catalán me trataba de cobarde y vil. Yo lo sabía todo, y a veces lo oía; pero no me hallaba con ánimo para responder. Al fin la moza me hablaba y recibía mis billetes. Comenzaba por lo ordinario: «Este atrevimiento, su mucha hermosura de v. m.»; decía lo de me abraso, trataba de penar, ofrecíame por esclavo, firmaba el corazón con la saeta. Al fin llegamos a los túes, y yo, para alimentar más el crédito de mi calidad, salíme de casa y alquilé una mula, y arrebozado y mudando la voz vine a la posada y pregunté por mí mismo, diciendo si vivía allí su merced del señor don Ramiro de Guzmán, señor del Valcerrado y Vellorete. «Aquí vive, respondió la niña, un caballero de ese nombre, pequeño de cuerpo.» Y por las señas dije yo que era él, y la supliqué que le dijese que Diego de Solórzana, su mayordomo que fue de las depositarías, pasaba a las cobranzas, y le había venido a besar las manos. Con esto me fui, y volví a casa de allí a un rato.

Recibiéronme con la mayor alegría del mundo, diciendo que para qué les tenía escondido el ser señor del Valcerrado y Vellorete; diéronme el recado. Con esto la muchacha se remató, codiciosa de marido tan rico, y trazó de que la fuese a hablar a la una de la noche por un corredor que caía a un tejado, donde estaba la ventana de su aposento. El diablo, que es agudo en todo, ordenó que venida la noche, yo, deseoso de gozar de la ocasión, me subí al corredor, y por pasar desde él al tejado que había de ser, vánseme los pies y doy en el de un vecino escribano, tan desatinado golpe, que quebré todas las tejas y quedaron estampadas en las costillas. Al ruido despertó la media casa, y pensando que eran ladrones —que son antojadizos de ellos los de este oficio—, subieron al tejado. Yo, que vi esto, quíseme esconder detrás de una chimenea, y fue aumentar la sospecha, por que el escribano y dos criados y un hermano me molieron a palos, y me ataron a vista de mi dama, sin bastarme ninguna diligencia. Mas ella se reía mucho, porque como yo la había dicho que sabía hacer burlas y encantamentos, pensó que había caído por gracia y nigromancia; y no hacía sino decirme que subiese, que bastaba ya. Con esto, y con los palos y puñadas que me dieron, daba aullidos, y era lo bueno que ella pensaba que todo era artificio, y no acababa de reír. Comenzó[1] luego a hacer la causa, y porque me sonaron unas llaves en la faldriquera, dijo y escribió que eran ganzúas, aunque las vio, sin haber remedio de que no lo fuesen. Díjele que era don Ramiro de Guzmán, y rióse mucho. Yo, triste —que me había visto moler a palos delante de mi dama, y me vi llevar preso sin razón y con mal nombre—, no sabía qué hacerme. Hincábame delante del escribano de rodillas, y rogábaselo por amor de Dios; y ni por esas ni por esotras bastaba con el escribano a que me dejase.

Todo esto pasaba en el tejado; que los tales, aun de las tejas arriba levantan falsos testimonios. Dieron orden de bajarme abajo, y lo hicieron por una ventana que caía a una pieza que servía de cocina.

1. El escribano.

CAPITULO VI

EN QUE PROSIGUE LO MISMO, CON OTROS VARIOS SUCESOS

No cerré los ojos en toda la noche, considerando mi desgracia, que no fue dar en el tejado, sino en las fieras y crueles manos del escribano y cuando me acordaba de lo de las ganzúas que me habían hallado en la faldriquera y las hojas que había escrito en la causa, eché de ver que no hay cosa que tanto crezca como culpa en poder de escribano. Pasé la noche en revolver trazas; unas veces me determinaba rogárselo por Jesucristo, y considerando lo que él pasó con ellos vivo, no me atrevía. Mil veces me quise desatar, pero sentíame luego, y levantábase a visitarme los ñudos, que más velaba él en cómo forjaría el embuste que yo en mi provecho. Madrugó al amanecer, y vistióse a tal hora que en toda su casa no había otros levantados sino él y los testimonios. Agarró la correa, y volvióme a repasar muy bien las costillas; reprehendióme el mal vicio de hurtar, como quien tan bien lo sabía. En esto estábamos, él dándome, y yo casi determinado de darle a él dineros —que es la sangre con que se labran semejantes diamantes[1]— cuando, incitados y forzados de los ruegos de mi querida, que me había visto caer y apalear, desengañada de que no era encanto, sino desdicha, entraron el portugués y el catalán, y en viendo el escribano que me hablaban, desenvainando la pluma, los quiso espetar por cómplices en el pro-

1. «Con ningún instrumento se labra si no es con otro diamante y con la sangre del cabrón caliente.» Covarrubias.

ceso. El portugués no lo pudo sufrir y tratóle algo mal de palabras, diciéndole que él era caballero *fidalgo* de casa del rey, y que yo era un *home muito fidalgo,* y, que era bellaquería tenerme atado. Comenzóme a desatar y al punto el escribano clamó: «¡Resistencia!», y dos criados suyos —entre corchetes y ganapanes— pisaron las capas, deshiciéronse los cuellos, como lo suelen hacer para representar las puñadas que no habían recibido, y pedían favor al rey. Los dos al fin me desataron, y viendo el escribano que no había quien le ayudase, dijo: «Voto a N., que esto no se puede hacer conmigo, y que a no ser vs. ms. quienes son, les podría costar caro; manden contentar estos testigos, y echen de ver que les sirvo sin interés.» Yo vi luego la letra, saqué ocho reales y díselos, y aun estuve por volverle los palos que me había dado; pero por no confesar que los había recibido, lo dejé, y me fui con ellos, dándoles las gracias por mi libertad y rescate, con la cara rosada de puros mojicones y las espaldas algo mohínas de los varapalos. Reíase el catalán mucho, y decía a la niña que se casase conmigo para volver el refrán al revés, que no fuese tras cornudo apaleado, sino tras apaleado cornudo. Tratábame de resuelto y sacudido por los palos. Traíme afrentado con éstos equívocos. Si entraba a visitarlos, trataba luego de varear, otras veces de leña y madera. Yo, que me vi corrido y afrentado, y que ya me iban dando en flor[1] de lo rico, comencé a tratar de salirme de casa; y para no pagar comida, cama ni posada, que montaba algunos reales, y sacar mi hato libre, traté con un licenciado Brandalagas, natural de Hornillos[2] y con otros dos amigos suyos, que me viniesen una noche a prender. Llegaron la señalada y requirieron a la huéspeda que venían de parte del Santo Oficio y que convenía secreto. Temblaron todos por lo que yo me había hecho nigromántico con ellas. Al sacarme a mí, callaron; pero al ver sacar el hato, pidieron embargo por la deuda, y respondieron que eran bienes de la Inquisición. Con esto no chistó alma terrena. Dejáronles salir y quedaron diciendo que siempre lo temieron. Contaban al catalán y al portugués lo de

1. «Fullería.»
2. Provincia de Valladolid.

aquellos que me venían a buscar; decían entrambos que eran demonios, y que yo tenía familiar; y cuando les contaban del dinero que yo había contado, decían que parecía dinero, pero que no lo era de ninguna suerte. Persuadiéronse a ello. Yo saqué mi ropa y comida horra.

Di traza con los que me ayudaron, de mudar de hábito y ponerme calza de obra y vestido de uso, cuellos grandes, y un lacayo en menudos dos lacayos,[1] que entonces era uno. Animáronme a ello, poniéndome por delante el provecho que se me seguiría de casarme con la ostentación a título de rico, y que era cosa que sucedía muchas veces en la corte, y aun añadieron que ellos me encaminarían a parte conveniente y que me estuviese bien y con algún arcaduz[2] por donde se siguiese. Yo, negro,[3] codicioso de pescar mujer, determinéme. Visité no sé cuántas almonedas, y compré mi aderezo de casar; supe dónde se alquilaban caballos, y espetéme en uno el primer día, y no hallé lacayo. Salíme a la calle Mayor y púseme enfrente de una tienda de jaeces, como que concertaba alguno.

Llegáronse dos caballeros, cada cual con su caballo; preguntáronme si concertaba uno de plata que tenía en las manos. Yo solté la presa, y con mil cortesías los detuve un rato. En fin, dijeron que se querían ir al Prado a bureo, y yo, que, si no lo tenían a enfado que los acompañaría. Dejé dicho al mercader que si venían allí mis pajes y un lacayo que los encaminase al Prado; di señas de la librea, y metíme entre los dos y caminamos. Yo iba considerando que a nadie que nos veía era posible el determinar y juzgar cúyos eran los pajes y lacayos, ni cuál era el que no les llevaba. Empecé a hablar muy recio de las cañas de Talavera y de un caballo que tenía porcelana; encarecíles mucho el roldanesco[4] que esperaba que me habían de traer de Córdoba. En topando algún paje, caballo o lacayo les hacía parar, les preguntaba cúyo era,[5] y también decía de las señales y si le querían vender. Hacíale dar dos vueltas en la

1. «Dos lacayos pequeños.»
2. Metafóricamente, «el medio por donde se consigue algo».
3. «Astuto, taimado.»
4. «Color de caballo.»
5. El caballo.

calle, y, aunque no la tuviese, le ponía una falta en el freno, y decía lo que había de hacer para remediarlo, y quiso mi ventura que topé muchas ocasiones de hacer eso. Y porque los otros iban embelesados, y a mi parecer diciendo: «¿Quién será ese tagarote[1] escuderón?» —porque el uno llevaba un hábito en los pechos y el otro una cadena de diamantes, que era hábito y encomienda todo junto—, dije yo que andaba en busca de buenos caballos para mí y a otro primo mío que entrábamos en unas fiestas.

Llegamos al Prado, y en entrando saqué el pie del estribo, y puse el talón por defuera, y empecé a pasear. Llevaba la capa echada sobre el hombro y el sombrero en la mano. Mirábanme todos; cuál decía: «Este yo le visto a pie»; otro: «Lindo va el buscón.» Yo hacía como que no oía nada, y paseaba.

Llegáronse a un coche de damas los dos, y pidiéronme que picardease un rato. Dejéles la parte de las mozas, y tomé el estribo de madre y tía. Eran las vejezuelas alegres; la una de cincuenta y la otra punto menos. Díjelas mil ternezas, y oíanme, que no hay mujer, por vieja que sea, que tenga tantos años como presunción. Prometílas regalos, y preguntélas del estado de aquellas señoras, y respondieron que doncellas, y se les echaba de ver en la plática. Yo dije lo ordinario: que las viesen colocadas como merecían, y agradóles mucho la palabra *colocadas*. Preguntáronme tras esto que en qué me entretenía en la corte. Yo les dije que en huir de un padre y madre que me querían casar contra mi voluntad con mujer fea y necia y mal nacida, por el mucho dote. «Y yo, señoras, quiero más una mujer limpia en cueros que una judía poderosa; que, por la bondad de Dios, mi mayorazgo vale al pie de cuarenta mil ducados de renta. Y si salgo con un pleito que traigo en buenos puntos, no habré menester nada.» Saltó tan presto la tía: «¡Ay, señor, y cómo le quiero bien! No se case sino con su gusto y mujer de casta; que le prometo que, con ser yo no muy rica, no he querido casar mi sobrina, con salirle ricos casamientos, por no ser de calidad. Ella pobre es, que no tiene sino seis mil ducados de dote; pero

1. Hidalgo pobre y gorrón.

no debe nada a nadie en sangre.» «Eso creo muy bien», dije yo.

En esto las doncellitas remataron la conversación con pedir algo de merendar a mis amigos:

Mirábase el uno al otro, y a todos tiembla la barba. Yo, que vi ocasión, dije que echaba menos mis pajes, por no tener con quién enviar a casa por unas cajas que tenía. Agradeciéronmelo, y yo las supliqué se fuesen a la Casa del Campo al otro día, y que yo las enviaría algo fiambre. Aceptaron luego; dijéronme su casa, y preguntaron la mía, y con tanto, se apartó el coche, y yo y los compañeros comenzamos a caminar a casa. Ellos, que me vieron largo en lo de la merienda, aficionáronseme, y, por obligarme, me suplicaron cenase con ellos aquella noche. Híceme algo de rogar, aunque poco, y cené con ellos, haciendo bajar a buscar a mis criados, y jurando de echarlos de casa. Dieron las diez, y yo dije que era plazo de cierto martelo,[1] y que así me diesen licencia. Fuime, quedando concertado de vernos a la tarde en la Casa del Campo.

Fui a dar el caballo al alquilador, y desde allí a mi casa, donde hallé a los compañeros jugando quinolillas.[2] Contéles el caso y el concierto hecho, y determinaron enviar la merienda sin falta y gastar doscientos reales en ella. Acostámonos con estas determinaciones. Yo confieso que no pude dormir en toda la noche con el cuidado de lo que había de hacer con el dote. Y lo que más me tenía en duda era el hacer de él una casa o darlo a censo, que no sabía yo qué sería mejor y de más provecho para mí.

1. «Galanteo.»

2. «*Quinolas* es juego de naipes en que el lance principal consiste en hacer cuatro cartas, cada una de su palo; y si la hacen dos gana la que incluye más puntos.» *(Dicc. Aut.)*

CAPITULO VII

EN QUE SE PROSIGUE EL CUENTO CON OTROS SUCESOS Y DESGRACIAS NOTABLES

Amaneció, y despertamos a dar traza en los criados, plata y merienda. Al fin, como el dinero ha dado en mandarlo todo, y no hay quien le pierda el respeto, pagándosela a un repostero de un señor me dio plata, y la sirvió él y tres criados. Pasóse la mañana en aderezar lo necesario, y a la tarde ya yo tenía alquilado un caballico. Tomé el camino a la hora señalada, para la Casa del Campo. Llevaba toda la pretina llena de papeles, como memoriales, y desabotonados seis botones de la ropilla, y asomados unos papeles. Llegué, y ya estaban allí las dichas y los caballeros y todo. Recibiéronme ellas con mucho amor, y ellos llamándome de vos, en señal de familiaridad. Había dicho que me llamaba don Felipe Tristán, y en todo el día había otra sino don Felipe acá y don Felipe allá. Yo comencé a decir que me había visto tan ocupado con negocios de su majestad y cuentas de mi mayorazgo, que había temido el no poder cumplir, y que así, las apercibía a merienda de repente. En esto llegó el repostero con su jarcia,[1] plata y mozos; los otros y ellas no hacían sino mirarme y callar. Mandéle que fuese al cenador y que aderezase allí, que entretanto nos íbamos a los estanques. Llegáronse a mí las viejas a hacerme regalos, y holguéme de ver descubiertas las niñas, porque no he visto, desde que Dios me crió, tan linda cosa

1. «Carga de muchas cosas distintas.» *(Dicc. Acad.)*

como aquella en quien yo tenía asestado mi matrimonio: blanca, rubia, colorada, boca pequeña, dientes menudos y espesos, buena nariz, ojos rasgados y verdes, alta de cuerpo, lindas manazas y zazosita.[1] La otra no era mala, pero tenía más desenvoltura y dábame sospechas de hocicada.[2] Fuimos a los estanques, vímoslo todo, y en el discurso conocí que la mi desposada corría peligro en tiempo de Herodes por inocente. No sabía; pero como yo no quiero a las mujeres para consejeras ni bufonas, sino para acostarme con ellas, y si son feas y discretas es lo mismo que acostar con Aristóteles o Séneca o con un libro, procúrolas de buenas partes para el arte de las ofensas. Esto me consoló. Llegamos cerca del cenador, y al pasar de una enramada prendióseme en un árbol la guarnición del cuello y desgarróseme un poco. Llegó la niña y prendiómelo con un alfiler de plata, y dijo la madre que enviase el cuello a su casa al otro día, que allá le aderezaría doña Ana, que así se llamaba la niña. Estaba todo cumplidísimo: mucho que merendar, caliente y fiambre, frutas y dulces. Levantaron los manteles, y estando en esto vi venir un caballero con dos criados por la huerta delante; y cuando menos me cato, conozco a mi buen don Diego Coronel. Acercóse a mí, y como estaba en aquel hábito, no hacía sino mirarme. Habló a las mujeres y tratólas de primas, y a todo eso no hacía sino volver a mirarme. Yo me estaba hablando con el repostero, y los otros dos, que eran sus amigos, estaban en gran conversación con él. Preguntóles —según se echó de ver después— mi nombre, y ellos dijeron: «Don Felipe Tristán, un caballero muy honrado y rico.» Veíale yo santiguarse. Al fin, delante de ellas y de todos, se llegó a mí, y dijo: «V. m. me perdone; que por Dios que le tenía, hasta que supe su nombre, por bien diferente de lo que es; que no he visto cosa tan parecida a un criado que tuve en Segovia, que se llamaba Pablillos, hijo de un barbero del mismo lugar.» Riéronse todos mucho, y yo me esforcé para que no me desmintiese la color, y díjele que tenía deseo de ver aquel hombre, porque me habían dicho infinitos que él era parecidísimo. «¡Jesús! —hacía el

1. «Que ceceaba.»
2. «Besar descompuestamente...» Covarrubias.

don Diego—. ¿Cómo parecido? El talle, la habla, los meneos; no he visto tal cosa. Digo, señor, que es admiración grande, y que no he visto cosa tan parecida.» Entonces las viejas, tía y madre, dijeron que cómo era posible que un caballero tan principal se pareciese a un pícaro tan bajo como aquél; y por que no sospechase nada de ellas, dijo la una: «Yo le conozco muy bien al señor don Felipe, que es el que nos hospedó por orden de mi marido en Ocaña.» Yo entendí la letra, y dije que mi voluntad era y sería servirlas con mi poca posibilidad en todas partes. El don Diego se me ofreció, y pidió perdón del agravio que me había hecho en tenerme por el hijo del barbero, y añadía: «No lo creerá v. m.: su madre era hechicera; su padre, ladrón, y su tío, verdugo, y él el más ruin hombre y el más mal inclinado que Dios tiene en el mundo.» ¿Qué sentiría yo oyendo decir de mi cara tan afrentosas cosas? Estaba —aunque lo disimulaba— como en brasas. Tratamos de venirnos al lugar. Yo y los otros dos nos despedimos, y don Diego se entró con ellas en el coche. Preguntólas que qué era la merienda y el estar conmigo; y la madre y tía dijeron cómo era yo un mayorazgo de tantos ducados de renta, y que me quería casar con Anica; que se informase, y vería si era cosa, no sólo acertada, sino de mucha honra para todo su linaje.

En esto pasaron el camino hasta su casa, que era en la calle del Arenal, a San Felipe. Nosotros nos fuimos a casa juntos como la otra noche. Pidiéronme que jugase, codiciosos de pelarme; yo entendíles la flor y sentéme; sacaron naipes —eran hechizos como pasteles—; perdí una mano; di en irme por abajo, y ganéles cosa de trescientos reales, y con tanto me despedí, y vine a mi casa. Topé a mis compañeros, licenciado Brandalagas y Pero López, los cuales estaban estudiando en unos dados tretas flamantes. En viéndome lo dejaron por preguntarme lo que me había sucedido; no les dije más de que me había visto en un grande aprieto. Contéles cómo me había topado con don Diego, y lo que me había sucedido; consoláronme, aconsejando que disimulase y no desistiese de la presentación por ningún camino ni manera.

En esto supimos que se jugaba en casa de un vecino boticario juego de parar; entendíalo yo entonces razonablemente, porque tenía más flores que un mayo y barajas hechas lindas. Determinámonos de ir a darles un muerto —que así llaman el enterrar una bolsa—. Envié los amigos delante; entraron en la pieza, y dijeron si gustarían jugar con un fraile benito que acababa de llegar a curarse en casa de unas primas suyas, que venía enfermo y traía mucho del real de a ocho y escudo. Creciόles a todos el ojo, y clamaron: «Venga el fraile en hora buena.» «Es hombre grave en la orden —replicó Pero López—, y, como ha salido, se quiere entretener, que él más lo hace por la conversación.» «Venga, y sea por lo que fuere.» «Por el recato...», dijo Brandalagas. «No hay tratar de más», respondió el huésped. Con esto, ellos quedaron ciertos del caso y creída la mentira. Vinieron los acólitos; ya yo estaba con un tocador en la cabeza, mi hábito de fraile benito —que en cierta ocasión vino a mi poder—, unos anteojos y una barba, que por ser atusada no desayudaba. Entré muy humilde, sentéme, comenzóse el juego; ellos levantaban bien, e iban tres al mohíno; pero quedaron mohínos los tres, porque yo, que sabía más que ellos, les di tal gatada, que en espacio de tres horas me llevé más de mil y trescientos reales. Di barato, y con mi «loado sea nuestro Señor» me despedí, encargándoles que no recibiesen escándalo de verme jugar, que era entretenimiento y no otra cosa.

Los otros —que habían perdido cuanto tenían— dábanse a mil diablos; despedíme, y salímonos fuera. Vinimos a casa a la una y media, y acostámonos después de haber partido la ganancia. Consoléme con esto algo de lo sucedido, y a la mañana me levanté a buscar mi caballo; y no hallé por alquilar ninguno, en lo cual conocí que había otros muchos como yo, pues andar a pie parecía mal, y más entonces. Fuime a San Felipe, y topéme con un lacayo de un letrado —que tenía un caballo y le guardaba— que se había acabado de apear a oír misa; metíle cuatro reales en la mano porque mientras su amo estaba en la iglesia me dejase dar dos vueltas en el caballo por la calle del Arenal, que era la de mi señora. Consintió; subí en él, y di dos vueltas calle arriba y calle abajo, sin ver nada; y al dar la tercera, asomóse doña Ana. Yo, que la vi y no sabía las mañas del caballo ni era buen jinete, quise hacer galantería;

dile dos varazos, tiréle de la rienda; empínase y tirando dos coces, aprieta a correr y da conmigo por las orejas en un charco. Yo, que me vi así, y rodeado de niños que se habían llegado, y delante de mi dama, empecé a decir: «¡Oh hidep..., no fuerais vos valenzuela![1] Estas temeridades me han de acabar; habíanme dichos las mañas, y quise profiar por él.» Traía el lacayo ya el caballo, que se paró luego; yo torné a subir, y al ruido se había asomado don Diego Coronel, que vivía en la misma casa de sus primas. Yo que le vi, me demudé. Preguntóme si había sido algo; dije que no, aunque tenía estropeada una pierna. Dábame el lacayo priesa, que no saliese su amo y lo viese, que había de ir a palacio; y soy tan desgraciado, que estándome diciendo que nos fuésemos, llega por detrás el letradillo, y conociendo su rocín, arremete al lacayo y empieza a darle de puñadas, diciendo en altas voces que qué bellaquería era dar su caballo a nadie; y lo peor fue que, volviéndose a mí, me dijo que me apease con Dios, muy enojado. Todo esto pasaba delante de mi dama y de don Diego. No se ha visto en tanta vergüenza ningún azotado. Estaba tristísimo, y con mucha razón, de ver dos desgracias tan grandes en un palmo de tierra. Al fin me hube de apear. Subió el letrado, y fuese, y yo, por hacer la deshecha, quedé hablando desde la calle con don Diego, y dije: «En mi vida subí en tan mala bestia. Está ahí mi caballo overo en San Felipe, y es muy desbocado en la carrera y trotón; dije cómo yo le corría y hacía parar; dijeron que allí estaba uno en que no lo haría —y era de este licenciado—; quise probarlo: no se puede creer qué duro es de caderas, y con tan mala silla, que fue milagro no matarme.» «Si fue —dijo don Diego—, y con todo, parece que se siente vuesa merced de esa pierna.» «Sí, siento —dije yo entonces—, y me querría ir a tomar mi caballo y a casa.» La muchacha quedó en muy gran manera satisfecha, y con lástima y sentimiento —como se lo eché de ver— de mi caída; mas el don Diego cobró mala sospecha de lo del letrado y lo que había pasado en la calle; y fue totalmente causa de mi desdicha, fuera de otras muchas que me sucedieron.

1. «Casta de caballos cordobeses llamada así por el nombre de un caballerizo que los elegía.»

Y la mayor y fundamento de las otras fue que cuando llegué a casa, y fui a ver un arca, adonde tenía en una maleta todo el dinero que me había quedado de mi herencia y de lo ganado al juego —menos cien reales que yo traía conmigo—, hallé que el buen licenciado Brandalagas y Pero López habían cargado con ello y no parecían. Quedé como muerto, sin saber qué consejo tomar de mi remedio. Decía entre mí: «¡Malhaya quien fía en hacienda mal ganada, que se va como se viene! ¡Triste de mí! ¿Qué haré?» No sabía si ir a buscarlos, si dar parte a la justicia. Esto no me parecía bien, porque, si los prendían, habían de aclarar lo del hábito y otras cosas, y era morir en la horca; pues seguirlos, no sabía por dónde.

Al fin, por no perder también el casamiento —que ya yo me consideraba remediado con el dote— determiné de quedarme y apretarlo sumamente. Comí, y a la tarde alquilé mi caballico, y fuime hacia la calle de mi dama. Y como no llevaba lacayo, por no pasar sin él, aguardaba a la esquina, antes de entrar a que pasase algún hombre que lo pareciese, y en pasando partía detrás de él, haciéndolo lacayo sin serlo; y en llegando al fin de la calle, metíame detrás, hasta que volviese otro que lo pareciese, y así daba otra vuelta. Yo no sé si fue la fuerza de la verdad de ser yo el mismo pícaro que sospechaba don Diego, o si fue la sospecha del caballo y lacayo del letrado, o qué se fue, que él se puso a inquirir quién era y de qué vivía, y me espiaba. En fin, tanto hizo, que por el más extraordinario camino del mundo supo la verdad; porque yo apretaba en lo del casamiento por papeles bravamente; y él, acosado de ellas, que tenía gana de acabarlo, andando en mi busca, topó con el licenciado Flechilla —que fue el que me convidó a comer cuando yo estaba con los caballeros—, y éste, enojado de que yo no le había vuelto a ver, hablando con don Diego, y sabiendo cómo yo había sido su criado, le dijo de la suerte que me encontró cuando me llevó a comer, y que no había dos días que me había topado a caballo muy bien puesto, y le había contado cómo me casaba riquísimamente. No aguardó más don Diego, y, volviéndose a su casa, encontró con los dos caballeros del hábito y la cadena amigos míos, junto a la Puerta del Sol, y contóles lo que pasaba, díjoles que se aparejasen y, que viéndome a la noche en la calle, que me magullasen los cascos, y que me conocerían en la capa que él traía, que la llevaría yo. Concertáronse, y en entrando en la calle, topáronme; y disimularon de suerte los tres, que jamás pensé que eran tan amigos míos como entonces. Estuvimos en conversación tratando de lo que sería bien hacer a la noche hasta el avemaría. Entonces despidiéronse los dos, echaron hacia abajo, y yo y Don Diego quedamos solos y echamos a San Felipe. Llegando a la entrada de la calle de la Paz, dijo don Diego: «Por vida de don Felipe, que troquemos las capas, que me importa pasar por aquí y que no me conozcan.» «Sea en buena hora», dije yo. Tomé la suya inocentemente, y dile la mía en mala; ofrecíle mi persona para hacerle espaldas; mas él —que tenía trazado el deshacerme las mías— dijo que le importaba ir solo, que me fuese.

No bien me aparté de él con su capa, cuando ordena el diablo que dos que lo aguardaban para cintarearlo por una mujercilla, entendiendo por la capa que yo era don Diego, levantan y empiezan una lluvia de espaldarazos sobre mí; di voces, y en ellas y la cara conocieron que no era yo. Huyeron, y quedéme en la calle con los cintarazos; disimulé tres o cuatro chichones que tenía, y detúveme un rato, que no osé entrar en la calle de miedo. En fin, a las doce, que era la hora que solía hablar con ella, llegué a la puerta, y emparejando, cierra uno de los dos que me aguardaban por don Diego, con un garrote, conmigo, y dame dos palos en las piernas y derríbame en el suelo; y llega el otro, y dame un trasquilón de oreja a oreja, quítame la capa y déjame en el suelo, diciendo: «Así pagan los pícaros embusteros mal nacidos.» Comencé a dar gritos y a pedir confesión; y como no sabía lo que era, aunque sospechaba por las palabras que acaso era el huésped de quien me había salido con la traza de la Inquisición, o el carcelero burlado, o mis compañeros huidos; y al fin yo esperaba de tantas partes la cuchillada, que no sabía a quién echársela; pero nunca sospeché en don Diego ni en lo que era. Daba voces: «¡A los capeadores!»;[1] a ellas vino la justicia: levantáronme, y vien-

1. Ladrones de capas.

do mi cara con una zanja de palmo, y sin capa ni saber lo que era, asiéronme para llevarme a curar. Metiéronme en casa de un barbero, curóme, preguntáronme dónde vivía, y lleváronme allá.

Acostéme y quedé aquella noche confuso y pensativo, viendo mi cara partida en dos pedazos, magullado el cuerpo, y tan lisiadas las piernas, de los palos, que no me podía tener en ellas ni las sentía. Yo quedé herido, robado, y de manera que ni podía seguir a los amigos ni tratar del casamiento ni estar en la corte ni ir fuera.

CAPITULO VIII

DE MI CURA Y OTROS SUCESOS PEREGRINOS

De aquí a la mañana amanece a mi cabecera la huéspeda de casa, vieja de bien, edad de mazo, cincuenta y cinco, con su rosario grande y su cara hecha en orejón o cáscara de nuez, según estaba arada. Tenía buena fama en el lugar, y echábase a dormir con ella y con cuantos querían; templaba gustos y careaba placeres. Llamábase Tal de la Guía, alquilaba su casa, y era corredora para alquilar otras. En todo el año no se vaciaba la posada de gente. Era de ver cómo ensayaba una muchacha en el taparse, enseñándola lo primero cuáles cosas había de descubrir de su cara. A la de buenos dientes, que riese siempre, hasta en los pésames; a la de buenas manos, se las enseñaba a esgrimir; a la rubia, un bamboleo de cabellos y un asomo de vedejas por el mando y la toca; a buenos ojos, lindos bailes con las niñas: ya dormidillos, cerrándolos, ya elevaciones, mirando arriba. Pues tratando en materia de afeites, cuervos entraban y les corregía las caras de manera que, al entrar en sus casas, de puro blancas no les conocían sus maridos; y en lo que ella era más extremada era en remendar virgos y adobar doncellas. En sólo ocho días que yo estuve en casa la vi hacer todo esto; y para remate de lo que era, enseñaba a pelar y refranes que dijesen, a las mujeres. Allí les decía cómo habían de encajar la joya, las niñas por gracia, las mozas por deuda, y las viejas por respeto y obligación. Enseñaba pediduras para dinero seco, y pediduras para cadenas y sortijas. Citaba a la Vidaña, su concurrente en Alcalá, y a la Planosa, en Burgos, mujeres de todo embestir.[1] Esto he dicho para que se me tenga lástima de ver a las manos que vine y se ponderen mejor las razones que me dijo; y empezó por estas palabras —que siempre hablaba por refranes—: «De do sacan y no pon, hijo don Felipe, presto llegan al hondón; de tales polvos, tales lodos; de tales bodas, tales tortas. Yo no te entiendo ni sé tu manera de vivir; mozo eres, no me espanto que hagas algunas travesuras, sin mirar que, durmiendo, caminamos a la huesa. Yo, como montón de tierra, te lo puedo decir. ¿Qué cosa es que me digan a mí que has despendido mucha hacienda sin saber cómo, y que te han visto aquí ya estudiante, ya pícaro, ya caballero, y todo por las compañías? Dime con quién andas, hijo, y diréte quién eres; cada oveja con su pareja; sábete, hijo, que de la mano a la boca se pierde la sopa. Anda, bobillo, que si te inquietaban mujeres, bien sabes tú que yo soy fiel[2] perpetuo en esta tierra de esa mercadería, y que me sustento de las posturas, así que enseño como que ponga y quedámonos con ellas en casa; y no andarte con un pícaro y otro pícaro, tras una alcorzada[3] y otra redomada, que gasta las faldas con quien hace sus mangas. Yo te juro que te hubieras ahorrado muchos ducados si te hubieras encomendado a mí, porque no soy nada amiga de dineros. Y por mis entenados y difuntos, y así yo haya buen acabamiento, que aun los que me debes de la posada no te los pidiera ahora a no haberlos menester para unas candelicas y hierbas» —que trataba en botes sin ser boticaria, y, si la untaban las manos, se untaba y salía de noche por la puerta del humo.

Yo que vi que había acabado la plática y sermón en pedirme —que, con ser su tema, acabó en él, y no comenzó, como todos lo hacen—, no me espanté de la visita, que no me la había hecho otra vez mientras había sido su huésped, sino fue un día que me vino a dar satisfacciones de que había oído que me habían dicho no sé que de hechizos, y que la quisieron prender, y escondió la calle y casa. Vínome

1. «Hacer trampas y decir embustes.»

2. «Es cargo en las repúblicas del que tiene cuidado de mirar las mercaderías que se venden, y si se da en ella el peso justo y fiel.» Covarrubias.

3. Cubierta de afeites, como los dulces de alcorza.

a desengañar y a decir que era otra Guía; y no es de espantar que con tales guías vamos todos desencaminados. Yo la conté su dinero, y estándoselo dando, la desventura, que nunca me olvida, y el diablo, que se acuerda de mí, trazó que la vinieron a prender por amancebada, y sabían que estaba el amigo en casa. Entraron en mi aposento, y como me vieron en la cama, y ella conmigo, cerraron conmigo y con ella, y diéronme cuatro o seis empellones muy grandes, y arrastráronme fuera de la cama; a ella la tenían asida otros dos, tratándola de alcahueta y bruja. ¡Quién tal pensara de una mujer que hacía la vida referida! A las voces que daba el alguacil, y mis grandes quejas, el amigo, que era un frutero que estaba en el aposento de adentro, dio a correr. Ellos, que lo vieron, y supieron —por lo que decía otro huésped de casa— que yo no lo era, arrancaron tras el pícaro, y asiéronle, y dejáronme a mí repelado y apuñeteado; y con todo mi trabajo, me reía de lo que los picarones decían a la vieja; porque uno la miraba y decía: «¡Qué bien os estará una mitra, madre, y lo que me holgaré de veros consagrar tres mil nabos a vuestro servicio!» Otro: «Ya tienen escogidas plumas los señores alcaldes para que entréis bizarra.» Al fin trujeron al picarón, y atáronlos a entrambos; pidiéronme perdón y dejáronme solo. Yo quedé en algo aliviado de ver a mi buena huéspeda en el estado que tenía sus negocios; y así, no me quedaba otro cuidado sino el de levantarme a tiempo que la tirase mi naranja, aunque —según las cosas que contaba una criada que quedó en casa— yo desconfié de su prisión, porque me dijo no sé qué de volar y otras cosas que no me sonaron bien. Estuve en la cara curándome ocho días, y apenas podía salir; diéronme doce puntos en la cara y hube de ponerme muletas.

Halléme sin dinero, que los cien reales se consumieron en la cama, comida y posada. Y así, por no hacer más gasto, no teniendo dinero, determinéme de salir con dos muletas de la casa y vender mi vestido, cuellos y jubones, que era todo muy bueno. Hícelo, y compré con lo que me dieron un coleto de cordobán viejo y un jubonazo de estopa famoso, mi gabán de pobre, remendado y largo, mis polainas y zapatos grandes, la capilla del gabán en la cabeza; un Cristo de bronce traía colgando del cuello, y un rosarino.

Impúsome en la voz y frases doloridas de pedir un pobre que entendía del arte mucho, y así comencé luego a ejercitarlo por las calles. Cosíme sesenta reales, que me sobraron, en el jubón; y con esto me metí a pobre, fiado en mi buena prosa. Anduve ocho días por las calles aullando en esta forma, con voz dolorida y reclamamiento de plegarias: «Dadle, buen cristiano, siervo del Señor, al pobre lisiado y llagado; que me veo y me deseo.» Esto decía los días de trabajo; pero los de fiesta comenzaba con diferente voz y decía: «Fieles cristianos y devotos del Señor, por tan alta princesa como la Reina de los ángeles, Madre de Dios, dadle una limosna al pobre tullido y lastimado de la mano del Señor.» Y paraba un poco, que es de grande importancia, y luego añadía: «Un aire corrupto, en hora menguada, trabajando en una viña, me trabó mis miembros; que me vi sano y bueno, como se ven y se vean, loado sea Dios.»

Con esto iba los ochavos trompicando, y ganaba mucho dinero; y ganara más si no se me atravesara un mocetón mal encarado, manco de los brazos y con una pierna menos, que me rondaba las mismas calles en un carretón, y cogía más limosnas con pedir mal criado. Decía con voz ronca, rematando en chillido: «Acordaos, siervos de Jesucristo, del castigo del Señor, por mis pecados; dadle al pobre lo que Dios reciba»; y añadía: «Por el buen Jesús», y ganaba que era un juicio.[1] Yo advertí, y no dije más Jesús, sino quitábale la *s* y movía a más devoción. Al fin, yo mudé de frasecicas y cogía maravillosa mosca. Llevaba metida entrambas piernas en una bolsa de cuero y liadas, y mis dos muletas. Dormía en un portal de un cirujano con un pobre de cantón —uno de los mayores bellacos que Dios crió—, estaba riquísimo, y era como nuestro rector; ganaba más que todos; tenía una potra muy grande, y atábase con un cordel el brazo por arriba, y parecía que tenía hinchada la mano, y manca y con calentura todo junto. Poníase echado boca arriba en su puesto y con la potra defuera tan grande como una bola de puente, y decía: «¡Miren la pobreza y el regalo que hace el Señor al cristiano!» Si pasaba mujer, decía: «Señora hermosa, sea Dios en su ánima»; y las más, porque las

1. «Una cantidad enorme.»

llamase así, le daban limosna y pasaban por allí aunque no fuese camino para sus visitas. Si pasaba un soldado: «¡Ah, señor capitán!» decía; y si otro hombre cualquiera: «¡Ah, señor caballero!» Si iba alguno en coche, luego le llamaba señoría; y si un clérigo, en mula, señor arcediano; en fin, él adulaba terriblemente. Tenía modo diferente para pedir los días de los santos; y vine a tener tanta amistad con él, que me descubrió un secreto, que en dos días estuvimos ricos; y era que este tal pobre tenía tres muchachos pequeños, que recogían limosnas por las calles y hurtaban lo que podían; dábanle cuenta de él, y todo lo guardaba. Iba a la parte con dos niños, de cajeta en las sangrías que hacían de ellas.

Yo, con los consejos de tan buen maestro y con las lecciones que me daba, tomé el mismo arbitrio, y me encaminó[1] la gentecilla a propósito. Halléme en menos de un mes con más de doscientos reales horros; y últimamente me declaró —con intento que nos fuésemos juntos— el mayor secreto y la más alta industria que cupo en mendigo, y la hicimos entrambos; y era que hurtábamos niños cada día entre los dos, cuatro o cinco; pregonábanlos, y salíamos nosotros a preguntar las señas, y decíamos: «Por cierto, señor, que lo topé a tal hora, y que si no llego, que lo mata un carro; en casa está.» Dábamos el hallazgo, y vinimos a enriquecer de manera, que me hallé yo con cincuenta escudos y ya sano de las piernas, aunque las traía entrapajadas.

Determiné en salirme de la corte y tomar mi camino para Toledo, donde ni conocía ni me conocía nadie. Al fin yo me determiné; compré un vestido pardo, cuello y espada, y despedíme de Valcázar —que era el pobre que dije—, y busqué por los mesones en qué ir a Toledo.

1. «Envió.»

CAPITULO IX

EN QUE ME HAGO REPRESENTANTE, POETA Y GALAN DE MONJAS, CUYAS PROPIEDADES SE DESCUBREN LINDAMENTE

En una posada topé una compañía de farsantes que iban a Toledo; llevaban tres carros, y quiso Dios que entre los compañeros iba uno que lo había sido mío del estudio de Alcalá, y había renegado y metídose al oficio. Díjele que me importaba el ir allá y salir de la corte; y apenas el hombre me conocía con la cuchillada, y no hacía sino santiguarse de mi *per signum crucis*. Al fin me hizo amistad —por mi dinero— dc alcanzar de los demás lugar para que yo fuese con ellos. Ibamos barajados hombres y mujeres y una entre ellas, la bailarina, que también hacía las reinas y papeles graves en la comedia, me pareció extremada sabandija. Acertó a estar su marido a mi lado, y yo, sin pensar a quien hablaba, llevado del deseo de amor y de gozarla, díjele: «Esta mujer, ¿por qué orden la podríamos hablar para gastar como su merced veinte escudos, que me ha parecido hermosa?» «No me está bien a mí decirlo, que soy su marido —dijo el hombre—, ni tratar de eso; pero sin pasión, que no me mueve ninguna, se puede gastar con ella cualquier dinero, porque tales carnes no tiene el suelo ni tal juguetoncita», y diciendo esto saltó del carro y fue al otro, según pareció, por darme lugar a que la hablase. Cayóme en gracia la respuesta del hombre, y eché de ver que por éstos se pudo decir que tienen mujeres como si no las tuviesen, torciendo la sentencia en malicia. Yo gocé de la ocasión, y preguntóme que adónde iba, y algo de mi hacienda y vida. Al fin dejamos, tras muchas palabras, para Toledo las obras; íbamos holgando por el camino mucho.

Yo —acaso— comencé a representar un pedazo de la comedia de San Alejo, que me acordaba de cuando muchacho, y representélo de suerte que les di codicia; y sabiendo por lo que yo le dije a mi amigo que iba en la compañía, mis desgracias y descomodidades, díjome que si quería entrar en la danza con ellos. Encareciéronme tanto la vida de la farándula, y yo, que tenía necesidad de arrimo y me había parecido bien la moza, concertéme por dos años con el autor; hícele escritura de estar con él, y diome mi ración y representaciones; y con tanto llegamos a Toledo. Diéronme que estudiase tres o cuatro loas y papeles de barba, que los acomodaba bien con mi voz. Yo puse cuidado en todo, y eché la primera loa[1] en el lugar; era de una nave —de lo que son todas— que venía destrozada y sin provisión; decía lo de: «Este es el puerto»; llamaba a la gente *senado*; pedía perdón de las faltas y silencio, y entréme. Hubo un vítor de rezado,[2] y al fin parecía bien en el teatro. Representamos una comedia de un representante nuestro, que yo admiré de que fuesen poetas, porque pensaba que el serlo era de hombres muy doctos y sabios y no de gente tan sumamente lega; y está ya de manera esto, que no hay autor que no escriba comedias, ni representante que no haga su farsa de moros y cristianos; que me acuerdo yo antes, que si no eran comedias del buen Lope de Vega y Ramón,[3] no había otra cosa. Al fin, la comedia se hizo el primer día, y no la entendió nadie; al segundo empezámosla, y quiso Dios que empezaba por una guerra y salía yo armado y con rodela, que si no, a manos de mal membrillo, tronchos y badeas[4] acabo. No se ha visto tal torbellino; y ello merecíalo la comedia, porque traía un rey de Normandía, sin propósito en hábito de ermitaño y metía dos lacayos por hacer reír, y al desatar de la maraña no había más de casarse todos y allá vas. Al fin tuvimos nuestro merecido. Tratamos mal al compañero poeta; y yo, diciéndole que mirase de la que

1. «Composición corta que se recitaba antes de la comedia.»
2. «Una viva por haber recitado bien.»
3. Fray Alonso Ramón, poeta dramático.
4. Sandía o melón de mala calidad.

nos habíamos escapado, y escarmentase, díjome que no era suyo nada de la comedia, sino que de un paso de uno y otro de otro había hecho la capa de pobre, de remiendo; y que el daño no había estado sino en lo mal zurcido. Confesóme que los farsantes que hacían comedias, todo los obligaba a restitución, porque se aprovechaban de cuanto habían representado, y que era muy fácil; y que el interés de sacar trescientos o cuatrocientos reales les ponía a aquellos riesgos. Lo otro, que, como andaban por esos lugares y les leen los unos y otros comedias, tomábanlas para verlas, y hurtábanselas, y con añadir una necedad y quitar una cosó bien dicha, decían que era suya. Y declaróme cómo no había habido farsantes jamás que supiesen hacer una copla de otra manera.

No me pareció mal la traza, y yo confieso que me incliné a ella por hallarme con algún natural a la poesía, y más que tenía ya conocimiento con algunos poetas, y había leído a Garcilaso; y así, determiné de dar en el arte. Y con esto y la farsanta y representar, pasaba la vida; que pasado un mes que había que estábamos en Toledo haciendo muchas comedias buenas, y también enmendando el yerro pasado —que con esto ya yo tenía nombre, y había llegado a llamarme *Alonsete,* porque yo había dicho llamarme Alonso; y por otro nombre me llamaban el *Cruel,* por serlo una figura que había hecho con gran aceptación de los mosqueteros[1] y chusma vulgar— tenía ya tres pares de vestidos, y autores que me pretendían sonsacar de la compañía. Hablaba ya de entender de la comedia, murmuraba de los famosos, reprehendía los gestos a Pinedo, daba mi voto en el reposo natural de Sánchez, llamaba bonico a Morales,[2] pedíanme el parecer en el adorno de los teatros y trazar las apariencias.[3] Si alguno venía a leer comedia, yo era el que la oía. Al fin, animado con este aplauso, me desvirgué de poeta en un romancico, y luego hice un entremés, y no pareció mal.

Atrevíme a una comedia, y por que no escapase de ser divina cosa, la hice de Nuestra Señora del Rosario. Comenzaba

1. «El populacho, que permanecía de pie en el patio del corral y de cuyos *vítores* o silbidos dependía el éxito o fracaso de la obra.»

2. Famosos actores.

3. «Decoraciones y tramoyas.»

por chirimías; había sus ánimas de Purgatorio y sus demonios, que se usaban entonces con su *bu, bu* al salir, y *ri, ri* al entrar. Caíale muy en gracia al lugar el nombre de *Satán* en las coplas, y el tratar luego de si cayó del cielo, y tal. En fin, mi comedia se hizo y pareció muy bien. No me daba manos a trabajar, porque acudían a mí enamorados, unos por coplas de cejas y otros de ojos; cuál de manos y cuál romancico para cabellos. Para cada cosa tenía su precio, aunque, como había otras tiendas, por que acudiesen a la mía hacía barato. ¿Pues villancicos? Hervía en sacristanes y demandaderas de monjas: ciegos me sustentaban a pura oración —ocho reales de cada una—; y me acuerdo que hice entonces la del Justo Juez, grave y sonorosa, que provocaba a gestos. Escribí para un ciego, que las sacó en su nombre, las famosas que empiezan:

Madre del Verbo humanal,
Hija del Padre divino,
Dame gracia virginal, etc.

Fui el primero que introdujo acabar las coplas, como los sermones, con *aquí gracia y después gloria,* en esta copla de un cautivo de Tetuán:

Pidámosle sin falacia
Al alto Rey sin escoria,
Pues ve nuestra pertinacia,
Que nos quiera dar su gracia.
Y después allá la gloria. — Amén.

Estaba viento en popa con estas cosas, rico y próspero, y tal, que casi aspiraba ya a ser autor.[1] Tenía mi casa muy bien aderezada, porque había dado —para tener tapicería barata— en un arbitrio del diablo, y fue de comprar reposteros de tabernas y colgarlos. Costáronme veinticinco o treinta reales; eran más para ver que cuanto tiene el rey, pues por éstos se veía de puro rotos, y por esos otros no se verá nada.

Sucedióme un día la mejor cosa del mundo, que, aun-

1. «Director de compañía.»

que es en mi afrenta, la he de contar. Yo me recogía en mi posada, el día que escribía comedia, al desván, y allí me estaba y allí comía. Subía una moza con la vianda y dejábamela allí. Yo tenía por costumbre escribir representando recio, como si lo hiciera en el tablado. Ordena el diablo que, a la hora y punto que la moza iba subiendo por la escalera —que era angosta y obscura— con dos platos y olla, yo estaba en un paso de una montería, y daba grandes gritos componiendo mi comedia, y decía:

Guarda el oso, guarda el oso,
Que me deja hecho pedazos,
Y baja tras ti furioso.

¿Qué entendió la moza —que era gallega— como oyó decir «baja tras ti y me deja?». Que era verdad y que la avisaba; va a huir, y con la turbación písase la saya y rueda toda la escalera; derrama la olla y quiebra los platos, y sale dando gritos a la calle, diciendo que mataba un oso a un hombre. Y por presto que yo acudí, ya estaba toda la vecindad conmigo, preguntando por el oso; y aun contándoles yo cómo había sido ignorancia de la moza —porque era lo que he referido de la comedia—, aún no lo querían creer. No comí aquel día; supiéronlo los compañeros, y fue celebrado el cuento en la ciudad. Y de estas cosas me sucedieron muchas mientras perseveré en el oficio de poeta y no salí del mal estado.

Sucedió, pues, que mi autor —que siempre paran en esto—, sabiendo que en Toledo le había ido bien, le ejecutaron por no sé qué deudas y le pusieron en la cárcel; con lo cual nos desmembramos todos, y echó cada uno por su parte. Yo —si va a decir verdad—, aunque los compañeros me querían guiar a otras compañías, como no aspiraba a semejantes oficios, y el andar en ellos era por necesidad, viéndome con dineros y bien puesto, no traté más que de holgarme. Despedíme de todos; fuéronse, y yo, que entendí salir de mala vida con no ser farsante, si no lo ha v. m. por enojo, di en amante de red,[1] como cofia, y por hablar

1. «Los enrejados del convento.»

más claro, en pretendiente de Anticristo, que es lo mismo que galán de monjas. Tuve ocasión para dar en esto, teniendo yo entendido que era la diosa Venus una monja, a cuya petición había hecho muchos villancicos, que se me aficionó en un auto del Corpus, viéndome representar un San Juan Evangelista. Regalábame la mujer con cuidado, y habíame dicho que sólo sentía que fuese farsante —porque yo había fingido que era hijo de un gran caballero— y dábala compasión. Al fin, me determiné de escribirla el siguiente papel:

«Más por agradar a v. m. que por hacer lo que me importaba, he dejado la compañía; que para mí cualquiera sin la suya es soledad; ya seré tanto más suyo cuanto soy más mío. Avíseme cuándo habrá locutorio, y sabré juntamente cuándo tendré gusto, etc.»

Llevó el billete la andadera. No se podrá creer el grandísimo contento de la buena monja sabiendo mi nuevo estado. Respondióme de esta manera:

RESPUESTA

«De sus buenos sucesos antes aguardo los parabienes que los doy, y me pesara de ello a no saber que mi voluntad y su provecho es todo uno. Podemos decir que ha vuelto en sí; no resta ahora sino perseverancia que se mida con la que yo tendré. El locutorio dudo por hoy; pero no deje de venirse v. m. a vísperas; que allí nos veremos, y luego por las vistas, y quizá podré yo hacer alguna pandilla[1] a la abadesa. Y adiós.»

Contentóme el papel, que realmente la mujer tenía buen entendimiento y era hermosa. Comí, y púseme el vestido con que solía hacer los galanes en las comedias. Fuime luego a la iglesia, recé, y luego empecé a repasar todos los lazos y agujeros de la red con los ojos para ver si parecía; cuando Dios y en hora buena —que más era diablo y en hora mala— oigo la seña antigua; comienzo a toser, y andaba una tosi-

1. «Aquella liga o unión que hacen algunos para engañar a otros o hacerles algún daño.» *(Dicc. Aut.)*

dura de Barrabás; remedábamos un catarro, y parecía que habían echado pimiento en la iglesia. Al fin, yo estaba cansado de toser, cuando se me asoma a la red una vieja tosiendo, y echa de ver mi desventura, que es peligrosísima seña en los conventos; porque como es seña a las mozas, es costumbre en las viejas; y hay hombre que piensa que es reclamo de ruiseñor, y sale una lechuza. Estuve gran rato en la iglesia, hasta que empezaron vísperas; oílas todas, que por esto llaman a los galanes de monjas *solemnes* enamorados, por lo que tienen de vísperas, y tienen también que nunca salen de vísperas del contento, porque no se les llega el día jamás. No se creerá los pares de vísperas que yo oí; estaba con dos varas de gaznate más del que tenía cuando entré en los amores, a puro estirarme para ver. Fui gran compañero del sacristán y monacillo, y muy bien recibido del vicario, que era hombre de humor. Andaba tan tieso, que parecía que almorzaba asadores y que comía virotes.

Fuime a las vistas, y allá —con ser una plazuela bien grande— era menester enviar a tomar lugar a las doce, como para comedia nueva; hervía en devotos. Al fin me puse donde pude, y podíanse ir a ver por cosas raras las diferentes posturas de los amantes: cuál sin pestañear los ojos, mirando; cuál, con su mano puesta en la espada y la otra en el rosario, estaba como figura de piedra sobre sepulcro; otro, alzadas las manos y extendidos los brazos a lo seráfico; cuál, con la boca más abierta que la de mujer pedigüeña, sin hablar palabra, la enseñaba a su querida las entrañas por el gaznate; otro, pegado a la pared, dando pesadumbre a los ladrillos, parecía medirse con la esquina; cuál se paseaba como si le hubieran de querer por el portante, como a macho; otro, con una cartica en la mano, al uso de cazador con carne, parecía que llamaba al halcón. Los celosos era otra banda: éstos, unos estaban en corrillos riéndose y mirando a ellas; otros, leyendo coplas y enseñándoselas; cuál, para dar picón,[1] pasaba por el terreno[2] con una mujer de

1. «Resentimiento.»

2. «La calle o campo frente a la casa por donde acostumbraban a pasear los galanes.»

la mano, y cuál hablaba con una criada hechizada,[1] que le daba un recado. Esto era de la parte de abajo y nuestra; pero de la de arriba, adonde estaban las monjas, era cosa de ver también; porque las vistas era una torrecilla llena de rendijas toda, y una pared con deshilados, que ya parecía salvadera, ya pomo de olor. Estaban todos los agujeros poblados de brújulas:[2] allí se veía una pepitoria,[3] una mano, y acullá en pie; en otra parte había cosas de sábado,[4] cabezas y lenguas, aunque faltaban sesos; a otro lado se mostraba buhonería: una enseñaba el rosario; cuál mecía el pañizuelo; en otra parte colgaba un guante; allí salía un listón verde; unas hablaban algo recio; otras tosían; cuál hacía la señal de los sombreros, como si sacara arañas ceceando. En verano es de ver cómo no sólo se calientan al sol, sino se chamuscan; que es gran gusto verlas a ellas tan crudas y a ellos tan asados. En invierno acontece con la humedad nacerle a uno de nosotros berros y arboledas en el cuerpo. No hay nieve que se nos escape ni lluvia que se nos pase por alto; y todo esto al cabo es para ver una mujer por red y vidrieras, como hueso de santo; es como enamorarse de un tordo en jaula si habla, y si calla, de un retrato. Los favores son todos toques, que nunca llegan a cabes un paloteadico con los dedos; hincan las cabezas en las rejas y apúntanse los requiebros por las troneras. Aman al escondite. ¡Pues verlos hablar quedito y de rezado, sufrir una vieja que riñe, una portera que manda y una tornera que miente; y lo que mejor es, ver cómo nos piden celos de las de acá fuera, diciendo que el verdadero amor es el suyo, y las causas tan endemoniadas que hallan para probarlo! Al fin, yo llamaba ya señora a la abadesa, padre al vicario y hermano al sacristán: cosas todas que con el tiempo y el curso alcanza un desesperado. Empezáronme a enfadar las torneras con despedirme y las monjas con pedirme. Consi-

1. «*Echadizo:* el que viene engañosamente enviado con secreto por alguno otro para llevar luz de lo que le está bien.» Covarrubias.

2. «Propiamente es el agujerito de la puntería de la escopeta... y es menester mucho tiento y flema para encarar con él.» Covarrubias.

3. «Un guisado que se hace de los pescuezos y alones del ave.» Covarrubias.

4. Día de media abstinencia.

deré cuán caro me costaba el infierno, que a otros se da tan barato, y en esta vida por tan descaminados caminos. Veía que me condenaba a puñados y que me iba al infierno por sólo el sentido del tacto. Si hablaba, solía —por que no me oyesen los demás que estaban en las rejas— juntar tanto con ellas la cabeza, que por dos días siguientes traía los hierros estampados en la frente, y hablaba tan bajo, que no me podía comprender si no se valía de trompetilla. No me veía nadie que no decía: «Maldito seas, bellaco monjil»; y otras cosas peores.

Todo esto me tenía revolviendo pareceres y casi determinado a dejar la monja, aunque perdiese mi sustento, y determinéme el día de San Juan Evangelista, porque acabé de conocer lo que son monjas. Y no quiera v. m. saber más de que las Bautistas todas enronquecieron adrede, y sacaron tales voces, que en vez de cantar la misa, la gimieron; no se lavaron las caras, y se vistieron de viejo; y los devotos de las Bautistas, por desautorizar la fiesta, trujeron banquetas en lugar de sillas a la iglesia, y muchos pícaros del rastro.

Cuando yo vi que las unas por el un santo y las otras por el otro trataban indecentemente de ellos, cogiéndola a la monja mía, con títulos de rifárselos, cincuenta escudos de cosas de labor, medias de seda, bolsillos de ámbar y dulces, tomé mi camino para Sevilla, donde, como en tierra más ancha, quise probar ventura. Lo que la monja hizo de sentimiento, más por lo que la llevaba que por mí, considérelo el pío lector.

CAPITULO X

DE LO QUE ME SUCEDIO EN SEVILLA HASTA EMBARCARME A INDIAS

Pasé el camino de Toledo a Sevilla prósperamente, porque como yo tenía ya mis principios de fullero, y llevaba dados cargados con nueva pasta de mayor y menor, y tenía la mano derecha encubridora de un dado —pues preñada de cuatro, paría tres—; llevaba provisión de cartones de lo ancho y de lo largo para hacer garrotes de moros y ballestilla;[1] y así no se me escapaba dinero. Dejo de referir otras muchas flores, porque, a decirlas todas, me tuvieran más por ramillete que por hombre, y también porque antes fuera dar que imitar, que referir vicios de que huyan los hombres; mas quizá declarando yo algunas chanzas y modos de hablar estarán más avisados los ignorantes, y los que leyeren mi libro serán engañados por su culpa.

No te fíes, hombre, en dar tú la baraja, que te la trocarán al despabilar de una vela; guarda el naipe de tocamientos, raspados o bruñidos, cosa con que se conocen los azares.[2] Y por si fueres pícaro, lector, advierte que en cocinas y caballerizas pican con un alfiler o doblan los azares, para conocerlos por lo hendido; y si tratares con gente honrada, guárdate del naipe, que desde la estampa fue concebido en pecado, y que con traer atravesado el papel, dice lo que viene. No te fíes de naipe limpio, que al que da vista y re-

1. «Trampas o *flores* del juego de cartas.»
2. «La suerte contraria.»

tiene, lo más jabonado es sucio. Advierte que, a la carteta,[1] el que hace los naipes, que no doble más arqueadas las figuras, fuera de los reyes, que las demás cartas, porque el tal doblar es por tu dinero difunto. A la primera, mira no den de arriba las que descarta el que da, y procura que no se pidan cartas o por los dedos en el naipe o por las primeras letras de las palabras. No quiero darte luz de más cosas; éstas bastan para saber que has de vivir con cautela, pues es cierto que son infinitas las maulas que te callo. *Dar muerte* llaman quitar el dinero, y con propiedad; *revesa* llaman la treta contra el amigo, que de puro revesada no la entienden; *dobles* son los que acarrean sencillos, para que los desuellen estos rastreros de bolsas; *blanco* llaman al sano de malicia y bueno como el pan, y *negro,* al que deja en blanco sus diligencias.

Yo, pues, con este lenguaje y estas flores llegué a Sevilla: con el dinero de las camaradas gané el alquiler de las mulas, y la comida y dineros a los huéspedes de las posadas. Fuime luego a apear al mesón del Moro, donde me topó un condiscípulo mío de Alcalá, que se llamaba Mata, y ahora se decía —por parecerle nombre de poco ruido— Matorral. Trataba en vidas, y era tendero de cuchilladas, y no le iba mal. Traía la muestra de ellas en su cara, y por las que le habían dado concertaba tamaño y hondura de las que había de dar; decía: «No hay tan maestro como el bien acuchillado»; y tenía razón, porque la cara era una cuera y él un cuero. Díjome que me había de ir a cenar con él y otras camaradas, y que ellos me volverían al mesón.

Fui, llegamos a su posada, y dijo: «Ea, quite la capa vucé, y parezca hombre; que verá esta noche todos los buenos hijos de Sevilla; y por que no lo tengan por m..., abaje ese cuello y agobie de espaldas, la capa caída —que siempre andamos nosotros de capa caída— y ese hocico de tornillo, gestos a un lado y a otro; y haga vucé de la *j, h,* y de la *h, j;* y diga conmigo: *jerida, mojino, jumo; pahería, mohar, habalí,* y *harro* de vino.» Tomélo de memoria. Prestóme una daga, que en lo ancho era alfanje, y en lo largo no se llamaba espada, que bien podía. «Bébase —me dijo— esta me-

1. *Carteta:* «Como el parar.»

dia azumbre de vino puro; que si no da vaharada no parecerá valiente.» Estando en esto, y yo con lo bebido atolondrado, entraron cuatro de ellos con cuatro zapatos de gotosos por caras, andando a lo columpio, no cubiertos con las capas, sino fajados por los lomos, los sombreros empinados sobre la frente, altas las faldillas de delante, que parecían diademas; un par de herrerías enteras por guarniciones de dagas y espadas, las conteras en conversación con el calcañar derecho, los ojos derribados, la vista fuerte, bigotes buidos a lo cuerno y barbas turcas, como caballos. Hiciéronnos un gesto con la boca, y luego a mi amigo le dijeron —con voces mohínas, sisando palabra—: «Seidor.»[1] «So compadre», respondió mi ayo. Sentáronse, y para preguntar quién era yo, no hablaron palabra, sino el uno miró a Matorrales, y abriendo la boca y empujando hacia mí el labio de abajo, me señaló; a lo cual mi maestro de novicios satisfizo empuñando la barba y mirando hacia abajo; y con esto, con mucha alegría se levantaron todos, y me abrazaron e hicieron muchas fiestas, y yo de la propia manera a ellos, que fue lo menos que si catara cuatro diferentes vinos. Llegó la hora de cenar; vinieron a servir a la mesa unos grandes pícaros, que los bravos llaman *cañones*. Sentámonos todos juntos a la mesa; aparecióse luego el alcaparrón, y con esto empezaron —por bien venido— a beber a mi honra, que yo de ninguna manera, hasta que la vi beber, no entendí que tenía tanta. Vino pescado y carne, y todo con apetitos de sed. Estaba una artesa en el suelo toda llena de vino, y allí se echaba de bruces el que quería hacer la razón: contentóme la penadilla.[2] A dos veces no hubo hombre que conociese al otro. Empezaron pláticas de guerra; menudeábanse los juramentos; murieron de brindis a brindis veinte o treinta sin confesión. Recetáronsele al asistente mil puñaladas; tratóse de la buena memoria de Domingo Tiznado y Gayón; derramóse vino en cantidad al alma de Escamilla. Los que la cogieron tristes lloraron tiernamente al malogrado Alonso

1. Servidor.

2. «Dícese de una especie de vasija usada antiguamente en España para beber, la cual se hacía muy estrecha de boca a fin de que fuese dando en corta cantidad la bebida.»

Alvarez.[1] Ya a mi compañero con estas cosas se le desconcertó el reloj de la cabeza, y dijo, algo ronco, tomando un pan con las dos manos y mirando a la luz: «Por ésta, que es la cara de Dios, y por aquella luz que salió por la boca del ángel, que si vucedes quieren, que esta noche hemos de dar al corchete que siguió al pobre Tuerto.» Levantóse entre ellos alarido disforme, y sacando las dagas, lo juraron, poniendo las manos cada uno en un borde de la artesa; y echándose sobre ella de hocicos, dijeron: «Así como bebemos este vino, hemos de beber la sangre a todo acechador.» «¿Quién es este Alonso Alvarez —pregunté—, que tanto se ha sentido su muerte?» «Mancebo —dijo el uno— lidiador ahigadado, mozo de manos y buen compañero. Vamos; que me retientan los demonios.» Con esto salimos de casa a montería de corchetes.

Yo, como iba entregado al vino, y había renunciado en su poder mis sentidos, no advertí al riesgo que me ponía. Llegamos a la calle de la Mar, donde encaró con nosotros la ronda. No bien la columbraron, cuando, sacando las espadas, la embistieron. Yo hice lo mismo, y limpiamos dos cuerpos de corchetes de sus malas ánimas al primer encuentro. El alguacil puso la justicia en sus pies, y apeló por la calle arriba dando voces; no lo pudimos seguir, por hacer cargado delantero. Y al fin nos acogimos a la Iglesia Mayor, donde nos amparamos del rigor de la justicia, y dormimos lo necesario para espumar el vino que hervía en los cascos. Y vueltos ya en nuestro acuerdo, me espantaba yo de ver que hubiese perdido la justicia dos corchetes y huido el alguacil de un racimo de uva, que entonces lo éramos nosotros.

Pasábamoslo en la iglesia notablemente, porque al olor de los retraídos vinieron ninfas, desnudándose por vestirnos. Aficionóseme la Grajales; vistióme de nuevo de sus colores; súpome bien y mejor que todas esta vida; y así propuse de navegar en ansias con las Grajales hasta morir. Estudié la jacarandina,[2] y a pocos días era rabí de los otros rufianes. La justicia no se descuidaba de buscarnos; rondábanos la

1. Criminales ajusticiados y que gozaron de renombre. Alonso Alvarez de Osorio fue poeta.

2. «Rufianesca o junta de rufianes o ladrones.»

puerta; pero, con todo, de media noche abajo rondábamos disfrazados.

Yo, que vi que duraba mucho este negocio, y más la fortuna en perseguirnos —no de escarmentado, que no soy tan cuerdo, sino de cansado, como obstinado pecador—, determiné, consultándolo primero con la Grajales, de pasarme a Indias con ella, a ver si mudando mundo y tierra mejoraría mi suerte. Y fueme peor, pues nunca mejora su estado quien muda solamente de lugar y no de vida y costumbres.

BIBLIOGRAFIA

FERNÁNDEZ-GUERRA, Aureliano: *Vida de don Francisco de Quevedo*. En el tomo XXIII de la «Biblioteca de Autores Españoles».

MÉRIMÉE, Ernast: *Essai sur la vie et les oeuvres de Francisco de Quevedo*. París. 1886.

ASTRANA MARÍN, Luis: *La vida turbulenta de Quevedo*. Madrid. 1945. 2.ª edición.

JUDERIAS, Julián: *Don Francisco de Quevedo: la época, el hombre, las doctrinas*. Madrid, 1923.

CASTRO, Américo: Prólogo a la edición del *Buscón,* en «Clásicos Castellanos».

PORRAS, Antonio: *Quevedo*. Madrid. Ed. Plutarco, 1930.

LÁZARO CARRETER, Fernando: Estudio en la edición del *Buscón,* «Clásicos Hispánicos», Consejo Superior de Investigaciones Científicas, 1965.

SPITZER, Leo: *Zur Kunst Quevedos in seinem «Buscón»*. En *Archivum Romanicum*. XI, 1927.

LÁZARO CARRETER, Fernando: *Originalidad del «Buscón»*. En *Studia Philologica*. Homenaje ofrecido a Dámaso Alonso, II, 1961.

INDICE

LA VIDA DE LAZARILLO DE TORMES

Introducción 9
Prólogo 13
Tratado I 15
Tratado II 28
Tratado III 39
Tratado IV 56
Tratado V 57
Tratado VI 65
Tratado VII 66
Bibliografía 69

HISTORIA DE LA VIDA DEL BUSCON

Introducción 73
A don Francisco de Quevedo 78
Al lector 79
Libro primero
Capítulo I 81
Capítulo II 84
Capítulo III 89
Capítulo IV 96
Capítulo V 102
Capítulo VI 108
Capítulo VII 116

Capítulo VIII. 119
Capítulo IX 124
Capítulo X 128
Capítulo XI 137
Capítulo XII 142
Capítulo XIII. 146
Libro segundo
Capítulo I. 151
Capítulo II 155
Capítulo III 163
Capítulo IV 166
Capítulo V 173
Capítulo VI 177
Capítulo VII 182
Capítulo VIII. 190
Capítulo IX 195
Capítulo X 204
Bibliografía 209